生活経済ジャーナリスト
和泉昭子

KADOKAWA

はじめに

セカンドライフを自分らしくより充実させるためにお金の計画は大切です

ファイナンシャル・プランナー **和泉 昭子**

「人生100年時代」といわれる中、「老後の生活にいくらかかるのか」「お金に困らず暮らしていけるのか」と心配になり、長生きするリスクに対処するため老後は控えめに暮らそうと考えている人も多いと思います。

ですが、私がこの本に携わったのは、**「60歳から75歳までの間に多めにお金を使い、自分のやりたいことをしましょう」という提案をしたいと思ったからです**。ファイナンシャル・プランナー(FP)として、長生きの時代に考えもなく**「お金をどんどん使っちゃっていいですよ」といっているわけではありません**。

ここ数年の実体験を経て、少なくとも、私自身は老後の前半に比重をおいてお金を使っていこうと考えています。

これを**『前を厚く生きる』=『前厚ライフ(前厚)』**といおうと思います。

自由に動ける時間は 意外と短いということに気づいた

どうして、そのように考えるに至ったかのお話をさせていただきます。私は、50代後半から、母の在宅介護をすることになり、仕事の量を減らし、母のことが第一優先の生活を過ごしていました。介護をする中で、高齢の親戚ですとか、介護を必要としているたくさんのお年寄りの方々、そして介護の仕事に従事していらっしゃるヘルパーさんやお医者さんなどとお話をする機会がふえました。

その中ですごく感じたのが、「自由に動ける時間って意外と短い」ということ。そんなことはとうにわかっていると思っている方も多いかもしれませんし、私自身も頭ではわかっているつもりでした。しかし、いろいろな方のお話を聞いて、**「長い長いといわれる老後も、自分らしく好きに動ける時間って限られているのだ」**ということを痛感したのです。

50代は、まだまだお金がかかることもありますし、定年後の生活について考えられないという人もいるかもしれません。でも、今のうちから**自分のセカンドライフについて少しずつでも、イメージしてほしい**と思っています。

定年後の自分の暮らしをどうするか？
新たな人生が
始まる気持ちで考えてみる

では、「前厚」を実行するにはどうしたらよいのでしょう。改めて「前厚」とは、老後を30年間と想定したときに、前半と後半に分けて、その前半を思いっきり充実させる。そのために、**お金の配分についても「前を厚くする」という考え方**です。

現役時代は、家族のため、会社のためなど、自分のことは、わきにおいて走り続けていた人がほとんどだと思います。わたしもそのひとりです。介護をする前は、全力で仕事に集中してきました。

今まで頑張ってきた分、定年後、**元気で動ける60歳から75歳は、「やりたいこと」「やりたかったこと」にチャレンジする新たなチャンスだ**と思っています。

その時間をいかに充実したものにできるかは、自分自身としっかり向き合って、どんな風に過ごしていけば幸せに感じられるのか？ 悔いが残らないのかを、とことん考えること。

元気で自由に動ける時間って、本当に短いんです。重い病気になって闘病生活を続けなくてはいけないこともありますし、ある日突然、寿命がくるということもゼロではありません。

私の場合、自分のセカンドライフをどう過ごしていくかを考えたのは、還暦を迎えたその年、母が亡くなってからでした。はずかしい話なのですが、母が亡くなった後の最初の数カ月間は、悲しみと脱力で、一日のほとんどを横になって過ごす日々が続いていました。

ですが、あるときこのままではいけないと思い立ち、自分のこれからの人生についてじっくりと考えることにしたのです。

母の介護をしているときは、セカンドライフについて考える余裕はありませんでしたし、仕事もセーブしていましたので、その後のプランは何もありませんでした。その時点での私のライフプランは真っ白になっていたのです。**そこからまた、自分の人生について考え始めることとなりました。**

セカンドライフを充実させるカギは マネープランの戦略

　真っ白になってしまったライフプラン、そこから再び絵を描いていくというのは、なかなか大変な作業でした。急に何もしなくていい時間がたくさんある生活を目の当たりにして、「贅沢をせず最低限の生活でいいなら、このまま何もせず静かに暮らす選択肢もあるな」とまで考えていましたから。

　でも、このまま何もしないで細々と暮らすなんて、私が理想とする人生とは程遠いなと感じたのです。**自分と向き合って、自分自身の本当の気持ちが見えた瞬間でした**。そして、仕事に復帰する場合はどのくらい働くのか、またフリーランスとして仕事を得ていくだけの覚悟があるのかを自問自答する日々が続きました。

　しかし、いくら頭の中で考えを巡らせても、具体的な答えは出せなかったので、現実としっかり向き合って、きちんと計算してみることにしました。

　自分がやりたいことは何か？　どんな風に過ごしていけたら自分にとって幸せなセカンドライフになるのか。それを実現させるには、どのくらいのお金が必要になるのか、といったことです。

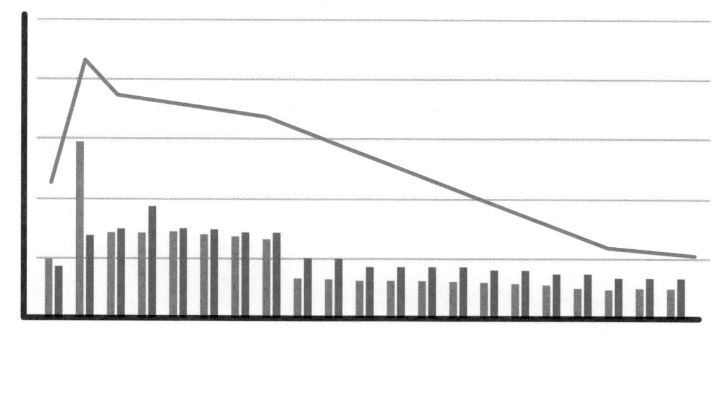

そのためには、自分の資産がどのくらいあるのか？ **やりたいことを実現するためには、いくらの資金が必要なのか、資金が足りない場合どうやってやりくりするのかなど、さまざまな角度からシミュレーションし、計画を立てることが大切**になります。

そして、その計画を実行するためには、**何歳までどのくらいのペースで働き、どのタイミングで使うかの戦略を立てることがとても重要**だということに改めて気づき、実践しました。

この本では、**私自身が経験した、セカンドライフをハッピーにするために立てた戦略をご紹介しています。** この本を通じて、みなさまが、自分らしい充実したセカンドライフを手に入れてくだされば幸いです。

Contents

2章 60歳からの「出るお金」と「入るお金」

3章 退職金・年金のもらい方は自分仕様で！

4章 お金の使い道を分けておく

5章 老後のお金の運用法

6章 60歳からの仕事

Contents

7章 「前厚」の不安を解消する医療と介護のお金

本書の情報は2023年1月現在のものです。
法令や条例等の改正などにより、
内容が変更になる場合があります。

装丁／井上新八
本文デザイン／横井登紀子、金谷理恵子
表紙イラスト／docco
中面イラスト／docco、平松慶
校正／麦秋アートセンター
編集協力／回遊舎
（酒井富士子、尾崎寿子、白石悠、乙幡亮、森永結衣）、
峯岸弓子、住敦子（ファイナンシャル・プランナー）
編集担当／大矢麻利子（KADOKAWA）

1章

60歳からの人生は「前厚」で

経済の流れが変わった

定年後のお金が「インフレ」で目減りしちゃう!?

- ☑ 日本経済のデフレは終焉。物価はこれからも上昇傾向に
- ☑ インフレに伴い年金や資産の価値は下がっていく

50代半ばを過ぎると、老後のお金の不安がますます高まってきます。年金だけでは暮らせないということもよく聞きますし、**どうやって老後のお金を確保すればいいのか全くわかりません。**

そうですね。早めに準備をしておくに越したことはないけれど、子どもの学費や住宅ローンなど他にかかるお金もあるので、なかなか手が回らないという人が多いのではないかと思います。それに、近年の物価上昇は今後もしばらく続くと思いますよ。

えっ！ **物価上昇はこれからも続くんですか……ショック。**

日本は「よいものでも価格が安い」という時代が長く続き、企業もそれに応えようとしてきました。その影響もあって、日本の経済力が弱まり、それではままならなくなってきたんです。さらに戦争や急激な円安も重なって物価が急上昇しました。それでも現役世代は、今後賃金が上がっていく可能性がありますが、主に**年金収入で暮らしていく老後の場合、このインフレが大きなダメージになる可能性があります。**

大きなダメージとは？ いったいどんなことでしょうか。

インフレが続くと30年後の100万円の価値はどうなる？

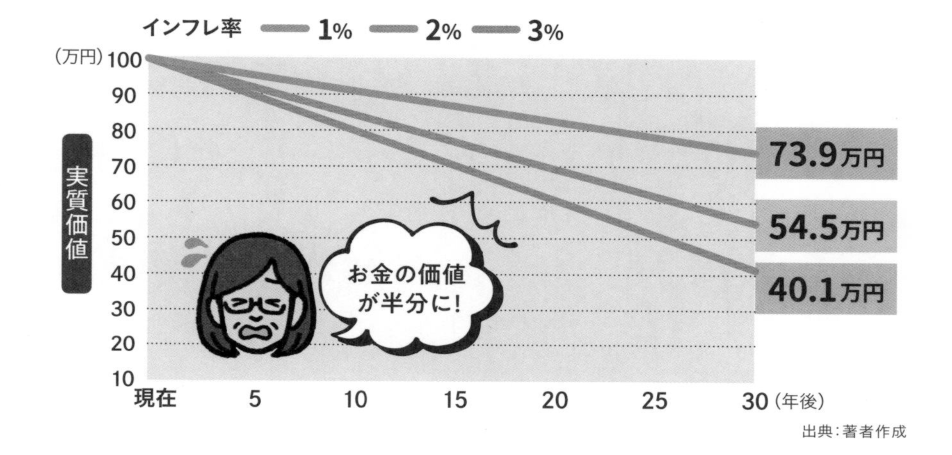

出典：著者作成

上のグラフは、インフレ率に合わせたお金の価値の推移を表したグラフです。仮に、インフレ率2%が続いた場合、現在の100万円が、**30年後は約55万円の価値に目減りしてしまうんです**。

えっ！　そんなに目減りするなんて……。怖すぎます！

もっと短い期間でも、2%のインフレが５年続くと、お金の価値は約10%目減り。簡単にいうと、100円だった商品が110円以上出さないと買えなくなるということになります。

それでは本当に老後破綻しちゃいますよ。

だからこそ、**定年前後からしっかり、お金の準備を考えておくことが大切**です。まずは、定年後にかかる生活費やその他のお金について、把握しておくことでインフレ生活に備えること。**持っている資産を把握して一部は投資などで運用することも考えましょう**（詳しくは５章へ）。どんな風にしていくのかは、順を追って解説していきます。**悲観ばかりしないで、これからの人生をどんな風に送りたいのか自分の夢について考えることもとっても大切**なことですよ。

1-2

自分らしい老後を考えるときは今

いつかやりたいと思っていたことに時間をかけられるステージが到来！

- 不安は当たり前と割り切り、老後に何をすべきか考える
- これからは自分のための時間を思いっきり楽しむ

前のページで老後のお金が危ないとお伝えしたので、余計不安になってしまったかもしれません。でも、そもそも**老後生活に不安を感じるのは当たり前のこと**なんですよ。

それは、お金の準備が十分にできていないからですか？

そうとは限りません。たとえたくさんお金があったとしても、老後のお金の不安はついて回ります。右ページのデータでも、**老後の生活に不安を感じている人は、８割以上**。人生100年時代といわれる現在では、老後は30年以上続く可能性もあり、**何年先の分までお金を確保すればいいのか、いくらずつ使っても大丈夫なのかを見通せない限り、不安になるのは当然**のことです。

確かに、現役時代のお金は、子どもの教育費用、住宅ローンの返済費用など、期間が決まっていたので、目処が立てやすかったです。それに比べ老後はいつまで続くのか予測不能ですもんね。

だからといって、不安不安と嘆いていても仕方ないです。**やりたいことを楽しめる老後にするために具体的な戦略を立ててほしい**と思っています。

楽しめる老後。前向きに考えたほうがいいですよね。

■「老後の生活に対する不安」みんなはどう感じている？

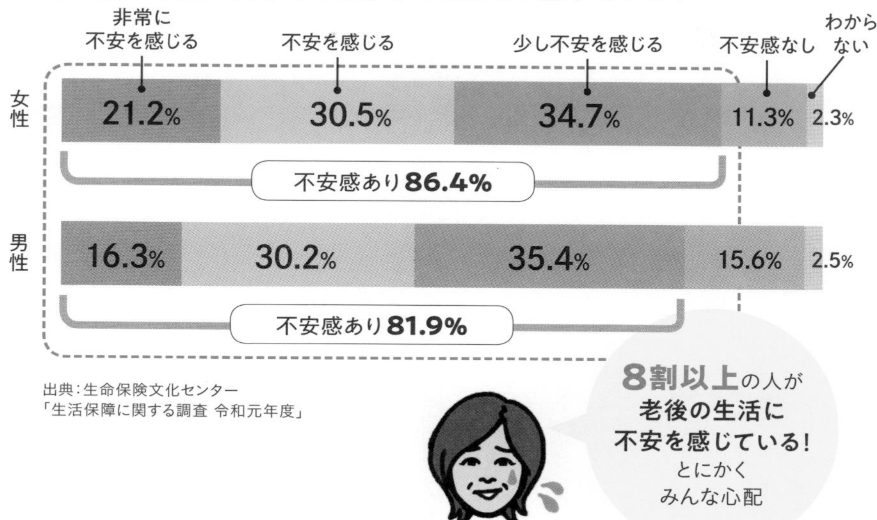

出典：生命保険文化センター
「生活保障に関する調査 令和元年度」

これまでのみなさんの人生では、仕事の成果を上げることや、家族のために働くことが大切だったと思います。でも老後は、子育てや仕事の重圧から解放されて、自分のための生活ができるんです。

たしかに……。今までは自分の意思は後回しだったかも。

自分がやりたいことにどのくらいお金がかかるのか？ そのための資金はどう準備するのかを優先して考えてはどうでしょう。

やりたいことがあっても、お金が足りなくてできない！じゃ悲しすぎますよね。

そのために、今ある資産の洗い出しや、退職金、年金がどのくらいもらえるのか、老後の生活費にいくらかかるのかを確認して、必要なお金が確保できるのかの目処を立てる必要があります。**不足するなら、計画を見直すことや、働く期間を延ばす、資産を運用するなど打つ手はたくさんあります**。これらの方法についても後で詳しく説明していきますね。

1-3

60歳からはギアチェンジ

「これから何をする?」自分軸の老後の過ごし方を考えよう

- 仕事・家族中心の生活から自分中心の生活へ切り替える
- 60代は人生を思いっきり楽しむ黄金期

自分の老後を楽しむために今、何の準備をしたらいいのでしょうか？

右ページの表は、30代から老後にかけての人生のロードマップです。50代を過ぎると子どもが独立したり、住宅ローンが終わるなど大きな支出が減る時期でもあるので、老後資金を貯めるチャンスでもあります。

そうか。**貯蓄を増やすチャンス**なんですね。

老後資金を貯めるには、どのくらいのお金が必要なのか目安を知ることが必要です。日常の生活費などを確認することになりますが、それは後で詳しく解説(P42参照)するので、ここでは、**まず、「自分が楽しむための老後」に何をしたいのかを考えましょう**。たとえば、海外旅行や趣味を満喫する！　ということでもいいですし、今まで趣味としてやってきた華道の師範の免許が取れたら、華道教室を開いてみる。ボランティア活動をして人の役に立ちたい！ などさまざまな過ごし方があると思います。

なるほど！　でもいつまで働くのかも決めていないし、老後をどう過ごせばいいのか見当もつきません。

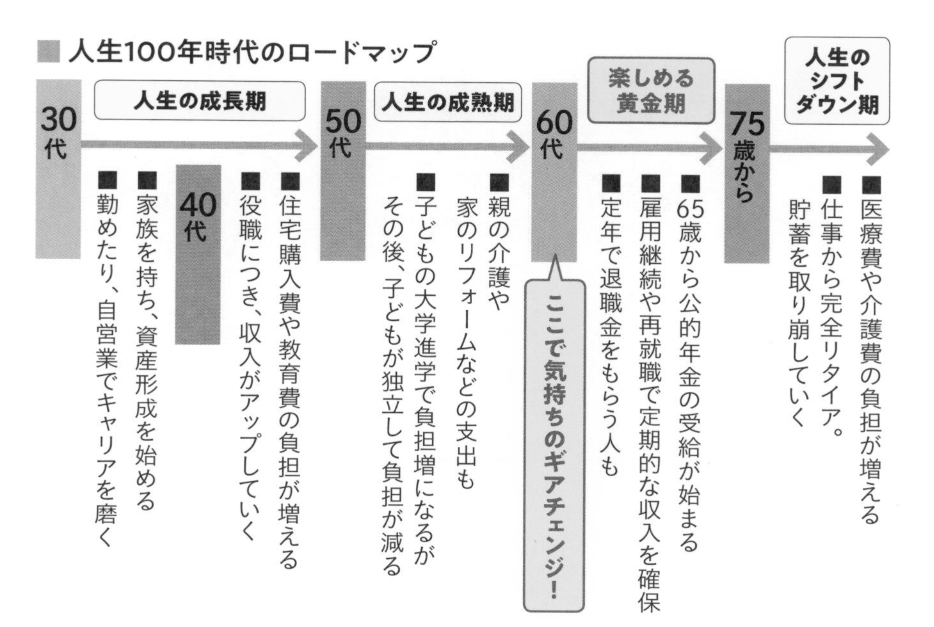

そうですね。でも、老後は時間がたっぷりあると思いがちですが、意外とそうではありません。**その中で60代は、人生を楽しめる「黄金期」**。老後が始まる年齢ですが、まだまだ元気。働くとしても、現役時代のようにバリバリ働く必要もありません。なので、この時期を自分軸で思いっきり自由に使うことができるのです。

この期間を無計画にしておくと、生活に張り合いがなくなって、一日何もせずぼんやりと過ごしてしまい、気がついたら一年があっという間に経ってしまっているかもしれません。そうすると、アクティブに動けるこの「黄金期」を無駄に失ってしまうことになりますよ。

それだけは絶対に避けたいです!

やりたいことが思いつかない場合は、過去の自分を振り返って、楽しかったこと、**夢中になった体験などを思い出してみるのもいいでしょう。自分がやりたいことのヒントが見つかるかも**しれません。

自分自身とよく向き合って考えてみるということですね!

1-4

老後の前半はアクティブに過ごそう!

老後は「前厚」に生きると決めてお金の使い方を考える

- ☑ 元気で健康でいられる時間は意外と短い。体が動くうちに思いっきり楽しむ
- ☑ 老後の後半はシンプルに暮らすという考え方も

自分のやりたいことを思いっきりやりきるとしても、**80歳、90歳になってやっぱりお金が足りなかったという事態にならないかが心配**です。

その気持ちはわかります。寿命がわからない以上、最低でも老後30年間は、お金には困らないように計画していきたいと考えるのが一般的でしょう。ですが、老後の30年間、ずっと元気でアクティブに動けるとは限らないのですよ。

たしかに。60歳と80歳の体力では全然違いますよね。

厚生労働省が発表している**健康寿命**(※)**は男性72.68歳、女性75.38歳**です。このことからも、健康で元気でいられる時期は意外と短いということがわかります。私は、老後の30年間を前半と後半で分けて考えたときに、**60～75歳の前半に、使うお金を厚くして、アクティブに楽しむ「前厚型」という考え**を持ってもよいのではないかと思うのです。

「前厚型」ですか。確かに、年齢が高くなると、自由に動けなくなることも多くなりそうだし、**元気で動けるうちにいろいろなことに挑戦して楽しむほうがお金も生きてきますよね。**

※「健康寿命の令和元年値について」厚生労働省

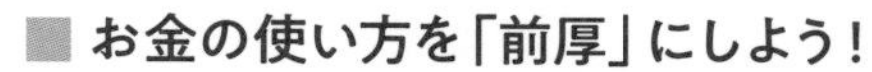
■ お金の使い方を「前厚」にしよう！

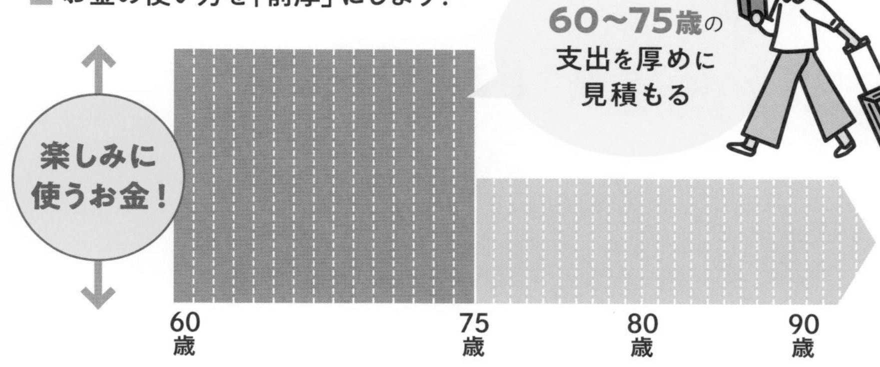

そうなんです。何をしようかとぼんやりと過ごしていくうちに、「結局やりたいことは、何もできなかった」と後悔しないように、**今のうちから年齢に合わせてやりたいことを計画しておくことで、必要なお金も見えてくるようになります。**

たとえば、旅行へ行くのが趣味という人は、70歳までは、1～2年に1度、日数のかかる海外へ行くけれど、70歳からの5年間は、アジアなど近くの国々や国内旅行に変える。それ以降は、近場の温泉でのんびりするなど。体力的な負担や経済的な負担を軽くしていくことで、その年齢に合った自分らしい楽しみ方を考えるといいかもしれません。

なるほど！　その年代ごとの体力や健康度合いに合った楽しみ方に変えていけばいいんですね。

そうです。一度立てた計画を必ず実行しないといけないわけでもありません。**無理があれば調整するなどフレキシブルに進めていく**といいとでしょう。ただし、75歳以降は、年齢が上がるほど大きな病気や介護へのリスクが高まりますから、医療・介護のお金は確保できるように手立てを考えておくこと。たとえば、**手をつけない貯蓄として別の預金口座に分けておくことや、生命保険の解約返戻金で準備するなど、別枠で確保しておくといいですね。**

大事にしたいことの主軸を変えよう

「働く人」から「趣味を楽しむ人」へ転換

- ライフキャリアレインボーで自分のキャリアを見直す
- 悔いのない老後を過ごすために「やりたいこと」「やりたかったこと」をじっくり考える
- 優先順位をつけてお金の配分も検討する

定年後に何をやりたいか？　すぐに思いつかない人も多いのではないかと思うのですが。

そういう方も結構多いと思います。ここで、私がおススメする「やりたいこと」の考え方メソッドをお伝えしますね。

考え方メソッド！　どんな方法ですか？

自分の人生を楽しくするために、アメリカの教育学者ドナルド・E・スーパーが提唱している「ライフキャリア・レインボー」という理論から、人生のライフキャリアを輝かせるヒントを考えます。

ライフキャリアとは？

この理論ではキャリアを仕事だけととらえず、年齢や置かれている立場の8つの役割の組み合わせでキャリアが形成されているとしています。右ページの図を見てください。人生のステージには「子」としての役割があり、その後成長していくうちに「学ぶ人」となり、成人すれば「働く人」という風に変化していきますよね。これは1つだけじゃなく、同時に誰かの「親」だったり、「配偶者」だったりと複数の役割があります。

■ 人には8つの役割がある。ここからは「趣味を楽しむ人」にも

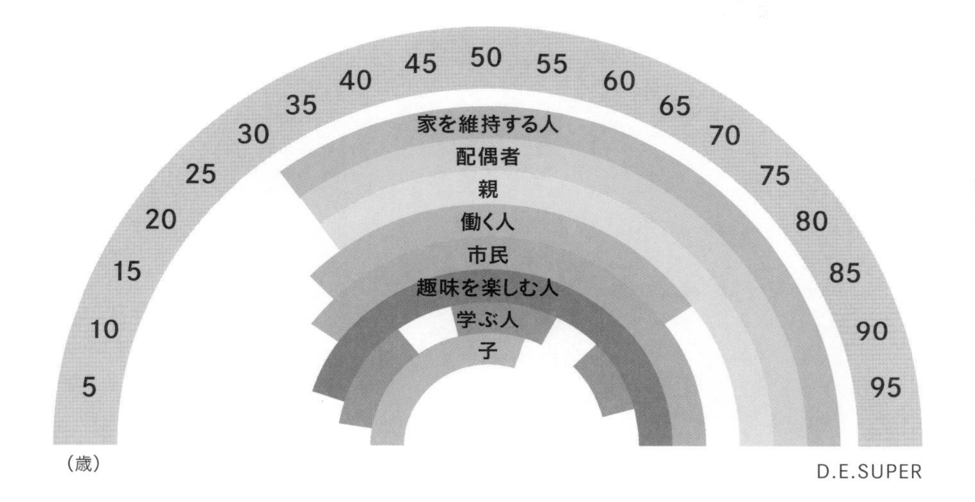

そして、この役割は、年齢やその場所によってさまざまに変化していきます。現役時代であれば、「親」「働く人」「家を維持する人」の幅が大きくなりますし、仕事をしながら勉強を続けていれば、「学ぶ人」でもあります。スーパー氏は、この複数の役割での経験を積んでいくことで、自分の豊かな人生やキャリア形成が可能になると唱えているのです。

この役割は、定年後には変化します。たとえば、働く人や親の役割は小さくなり、代わりに「市民」としてボランティア活動をしたり、「趣味を楽しむ人」として、自分の好きなことを思いっきりやる。この趣味を楽しむのも人生のキャリアを積んでいるという風にとらえているんです。

このライフキャリアをベースに、これからやりたことを考えてみましょう。お金や時間、健康などの制限はいったんわきに置きます。
まずは、付箋を用意してください。

お金も時間も制限なし。どんなことでもいいんですね。

■ 定年後やりたいことを考える手順

STEP 1 8つのライフキャリアをベースにこれから「やりたいこと」を思いつくまま付箋に書き出す（最低10個）

↓

STEP 2 「やりたいこと」に優先順位をつける。付箋を2枚ずつ見比べてあえて順位をつけるならどっちを選ぶのかを考えて並べていく

↓

STEP 3 STEP2で選んだ優先順位の高いものをリストに書き込む

↓

STEP 4 STEP3で書き込んだやりたいことを見ながら、それをなぜまだやっていないのか理由を考える

↓

STEP 5 どうすれば早く実現できるのか対策を考える

用意した付箋の1枚に1つずつ、**自分がやりたいことを思いつくまま、最低でも10個書いて**ください。

10個！　思いつくかな～。

どんなことでもいいんです。たとえば、今まで夫婦の時間が全然なかったから、2人で共通の趣味を始めるなら何をしようか、離れて暮らす親の顔を見に定期的に実家を訪ねたいとか、昔やっていたバンドを復活させたい、大学で学び直したい……など。思いつくままでいいのです。

思いつくまま自由に。やってみます。

次は、**やりたいことの優先順位を決めます。** 書いた内容を2つずつ見比べて優先するのはどっち？　という風に。そのとき、必ず優劣をつけてください。**どれから始めたら自分の満足度が上がるのか？後悔がないかということで考える**ためです。優先順位がついたら、リストに書き出していきます。

そして、ここが重要！　リストに書いたやりたいことについて、どうしてまだやっていないのか？　理由を書き出します。

やっていない理由ですか。

よくいわれることですが、**「やりたいこと」って裏返すと「やっていないこと」なんです**。何故まだやっていないのか、その理由・要因を探ってください。お金がないせいか、時間がないからかと、深く考えているうちに、意外とこれは優先度が低いからと、順番が変わって、本当に自分がやりたいことが見えてくるはずです。
そして、まだやれていない原因が「お金」であれば、**実現させるためにいくら必要なのか、どうやって資金を捻出するかについても考えを進めて**いってください。

■ なぜ？ それをやっていないのか理由を考える

優先順位	やりたいこと	あなたを止めている理由	対策
1	**毎年ハワイ旅行へ**	お金が足りない	50歳から外貨積み立てをする 60〜64歳はフルタイムで働いて資金を補てんする
2	**毎月1回は地方の親に会いに行く**	お金が足りない	シニア割などを利用して交通運賃を節約する P70へ
3	**ピアノを習い直したい**	時間がない	65歳から週4日の勤務に減らして時間を作る
4	**プログラミングを勉強する**	お金が足りない	国の給付金制度を利用する P166へ
5	**植樹プロジェクトに参加する**	時間がない	65歳から週4日の勤務に減らして時間を作る
6			

前厚ライフのお金が心配

ちょっとした工夫で費用は捻出できるもの

CHECK!

- 目的に合わせたやりくり法を見つける
- シニア割・割引サービスを活用して費用をスリム化

やりたいことを考えても結構お金がかかることだとしたら、きっと、諦めなくちゃダメなこともありますよね。

人生の満足度を上げるために、なるべく諦めたくはないですよね。そのために**クオリティを下げずにコストを下げる上手なやりくり方法を探してみるようにします**。

上手なやりくり法ですか。

まずは、自分がやりたいことにいったいいくらお金が必要なのかの見積もりを立てます。たとえば、海外旅行へ行くには、1回いくら必要なのか？ そしてその費用はどうやって準備していくのか。私はハワイになるべくたくさん行きたいという希望を持っているので、いくつか工夫をしてお金をやりくりしています。以前から地道に外貨預金を続けています。そのおかげで、1ドル100円～110円の時期に積み立てた外貨を持っているので、円安局面でも割安に旅行することができています。

なるほど。**目的に合わせたお金のやりくり法を見つけることが大切**なんですね。

和泉さんはこんな風にやりくりして前厚を楽しんでいる

やりたいことはなるべくたくさんハワイに行きたい！

ワザ	おトク！
ドル建ての外貨預金を地道に続けている	1ドル＝110円時代の外貨預金があるので、円安局面でも1ドル＝110円になる
普段のお買い物は、マイレージの貯まるクレジットカードを利用	航空運賃の片道分は、マイルでまかなって交通費を節約！
洗剤や調味料など必要になりそうなものは日本から持参	現地でのちょこっとした無駄使いを徹底的に省くことができる！

はい。その他にも普段のお買い物はマイルが貯まるクレジットカードをひたすら使っています。そのおかげで航空運賃の片道分は節約できています。

クレジットカードでマイルを貯める方法なら、行く場所に限らず飛行機代を浮かす方法として活用できますね。

そうです。他にもインフレの影響で物の値段が高いので、現地で余計なものは一切買わないことにして、洗濯洗剤や調味料なども日本から持参しています。食事も原則、自炊やハッピーアワーを活用し、今日だけは贅沢するという日を決めて思いっきり食事を楽しむようにしています。

メリハリをつけることが大切ということですね。国内でも神社巡りの旅に行くのが目的なら、食事や泊まる宿にはお金をかけない、という発想ですね。

そうです。どうすれば自分の満足度が上がるのかを明確にすることで、工夫の仕方はさまざま考えられます。

私の場合は、ハワイに行ってその空気感を楽しんでゆったりするということが目的ですから、リラックスできればいいと思っているので、贅沢な食事や買い物が目的ではありません。そういう風に真の目的に向き合うことで、節約方法が見えてきますよ。

なるほど。**やりたいことの中でも優先順位**があるんですね。

私の場合は、収入があって余力があるうちは、毎年行きたいけれど、そうではなくなったら2年に1度に。その代わり滞在期間を1週間から2週間に延ばします。そうすることで、交通費1回分を浮かしながら、滞在する期間は同じにできて、満足度が下がることにはならないわけです。

なるほど。行く回数を減らすけど、滞在時間は延ばすことで、コストダウンはできるけど、満足度は保てるということか。

他にもおススメの方法として、**割引サービスやシニア割を活用して費用を抑えるという方法**もあります。

そうか。割引サービスは要チェックですね！

そうですね。最近は60歳から割引になるシニア向けサービスがいろいろあります。自分が行きたい場所や交通手段でそういったサービスがあるのかを事前に調べておくといいでしょう。
たとえば、右ページの例のように、全国のＪＲの切符が最大30％割引になるサービスや映画館もシニア割を使えば一般より700円安く利用できます。航空運賃は、早めの予約やオフシーズンの予約で安い料金を狙うなど。JALの「期間限定おトクなスペシャル運賃」も注目です。

■ おトクなサービスを使って上手にやりくり

たとえば……

日本中のお寺・神社のご朱印を集めたい！

『大人の休日倶楽部ジパングカード』を使うと
日本全国JR線切符が最大30%割引

週に1回映画を見に行きたい！

『TOHOシネマズ シニア割引』を使うと
年間3万6400円お得！

毎年1回ハワイへ旅行したい！

「JALの期間限定おトクなスペシャル運賃」でハワイへ
羽田→ホノルル片道2万7500（※）円！

詳しくはP68へ

※2023年1月27日出発の場合。2022年12月時点。利用する日程、便等により金額は変動。税金、燃油サーチャージなどは含まず。

定年後が現役時代と違うのは、時間に余裕があること、働いていたとしても、週３日しか働いていなかったり、集中して平日休めるようにするなど現役時代より融通が利くこともあるでしょう。平日の安いタイミングを狙って行くことの他にも、旅行サイトの割引クーポンなどを活用して費用を抑える方法もあります。

平日に時間が取れるというのは定年後の特典の１つですね。

ドラッグストアやスーパーなど普段のお買い物でも、日付や曜日ごとの割引サービスがあるので、日常の支出を抑えることもできます。おトクな情報は「知っている人」と「知らない人」では大きく差が開きます。P68でまとめてご紹介するのでチェックしてみてください。今はインターネットやSNSなどさまざまな方法があるので、**自分のやりたいことが決まったら、節約できる方法はないのか？ 常に調べるクセをつけるように**しましょう。

周りへの気遣い方も変えてみる

「みんな」ではなく「じぶん」ひとり力を身につけよう

- やりたいことは自分ひとりで挑戦してみる
- 今から新しいつながりを探し始める
- 仕事もプライベートも自分から働きかける努力をしよう

「前厚」な老後を実現させるために、自分のやりたいことをリアルに考え始めると、いつまでに、どんな準備が必要になるのかはっきりと見えてくるようになります。自分の夢を家族や友人と共有して、話してみるのもいいですね。

周りに話してみたら、自分のやりたいことが同じだった友達がいたりして。

そうですね。でも、これまでの友人だけじゃなく、これから新しい友人をつくるということも、老後を楽しむコツだと思います。そのためにも「ひとり力」を身につけてください。

ひとり力ですか。はじめて聞きました。

ひとり力とは、どんなこともまず自分で考えて、発信していく力を身につけることです。たとえば、仕事でいえば、今までは与えられたミッションをこなすことが大切でしたが、**これからは、自分から「こんなことができます!」と発信していく力を身につけることが大事**になります。今のうちに、**自分の能力の棚卸しをしておくことや、スキルアップのために学ぶということなども1つの方法**です。私は「ひとり仕事力」と呼んでいます。

いろいろな「ひとり力」を身につけると世界が広がる

ひとり仕事力

「私、次に何をしたらいいですか?」という
自分にサヨナラ
「これができます!」と発信する自分になる

ひとりマネー力

お金さえあれば安心とはいえない
少しでも自分で稼ぎ、そのお金の
運用は自分で考える

ひとりコミュ力

学生時代や職場の仲間とばかりつるまない
習い事もひとりで決めて行動できる
全く新しい仲間づくりも積極的にできる

スキルアップのために学ぶ?　今からですか?

定年後に働く場合は、より専門性を求められることもあるかもしれません。**今できることを、別の会社でも通用するようにブラッシュアップしておくのでもいいですし、リスキリングなどで新しいスキルを身につけておく**のもいいでしょう。

なるべく**長く働けるように、自分ができる分野を広げる**ということですね。

そうです。老後は、稼ぐ力と貯める(運用する)力をバランスよく循環させていくことが大切です。老後も仕事を通じて社会とつながっていければ、気持ちの面でも張り合いが出ると思います。
また、趣味の仲間では、会社や学生時代などのつながりだけでなく、新しく始めた趣味で、今まで周りにいなかったタイプの人や違う世代の友人を増やしていくのもいいでしょう。

今まで「みんなが」「周りが」と考えがちでしたが、「私はどうしたい」とか、「自分でやってみる」と発想を変えると新しい世界が広がりそうですね。

そうですね。**自分で考え、自分でできる「ひとり力」を身につければ人生がもっと楽しく**なります。

column

老後資金を増やすために投資はするべき？

現役時代と違い、収入が大きく増える可能性が低い定年後の暮らしには、インフレのダメージが大きく響きます。定年後もなるべく長く働いて、少しでも収入を増やす努力をするのはもちろんですが、それだけでは、家計の赤字を賄えない可能性も。そのため、安全性を重視しながらの運用で持っている資産を増やすことを考える必要があります。

下のグラフは、毎月２万円を20年間投資信託で積み立てた場合と、定期預金に預けた場合の資産額の推移です。積極派運用の５％では約820万円、中間派運用の３％では約650万円と、定期預金で積み立てておくより３％では約1.3倍、５％では約1.7倍に資産が増えます。50歳から積み立てを始めても70歳からの前厚費に充てることや、その先の介護費などに充てることができます。もちろん、値動きする商品で運用することになりますので、必ず３％、５％で推移するとは限りません。ですが、適切な資産運用をすることで、老後の資金を増やせる可能性もあります。そのためにも老後の資金作りに向いている投資方法を理解しましょう。

● 月2万円を定期預金と投資信託で20年間積み立てしたら？

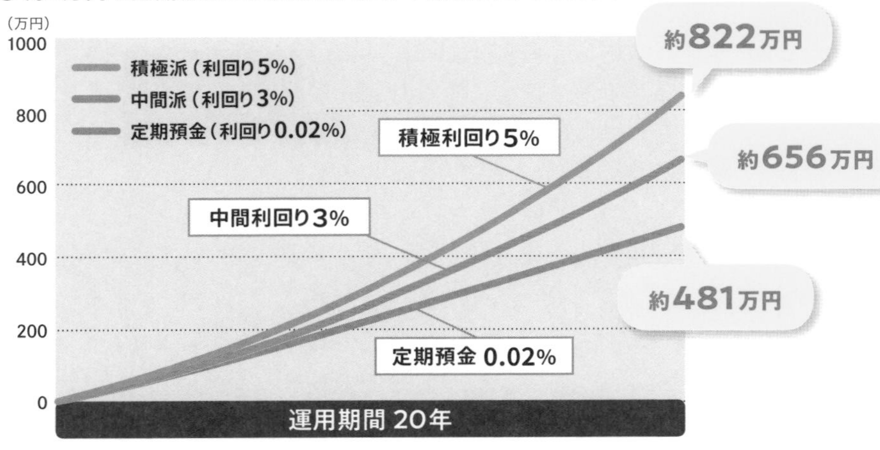

出典：金融庁「資産運用シミュレーション」にて試算。概算値であり、手数料、税金等は考慮していない

2章

60歳からの「出るお金」と「入るお金」

2-1

定年後の収支は平坦

定年後のお金の流れは管理しやすい!

☑ 老後は現役時代と違い大きな出費が少なくなる
☑ 家族のためから自分のためへのお金の使い方に変える

老後のお金の流れをつかむために、どんな風にお金を管理していけばいいのかの説明していきますね。

「お金の管理」ですね。しっかり聞いていきます。

まず、**定年後はお金の出入りに大きな波がないので、難しく考えなくて大丈夫**と最初にお伝えしておきますね。

それってどういうことですか?

現役時代との一番の違いは、**定年後は「出るお金」と「入るお金」がずっと同じで、あまり大きな変化がないので、現役時代よりずっと管理しやすい**ということです。

右ページのグラフは、ある家庭の30歳から100歳までの支出をグラフ化したものです。オレンジ色が収入で、緑色が支出です。このグラフを見てみると、30代から50代までは、収入・支出の増減が見られますが、**60歳を境に、グラフの動きがほとんどありません。大きなイベントがない限り収支が安定してくる**ことを示しています。

■ 20～50代は収入も支出も変化が大きいが60代以降は収支が一定

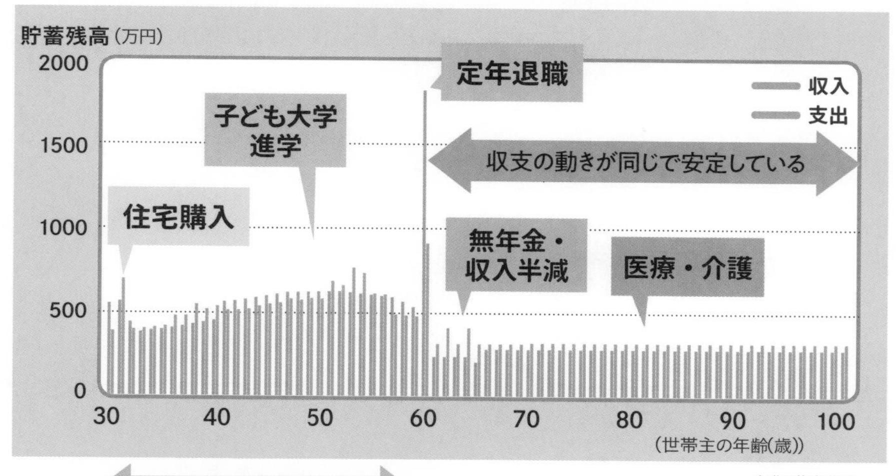

出典：著者作成

ほんとだ！　ほとんど、動きがなくて一定ですね。

現役時代は、キャリアを積んでいけば昇給がありますし、転職で収入が増えることもあります。住宅ローンや子どもの教育費など出ていくお金の増減も激しいです。家族がいればその分、予測できない支出も増えていきます。

確かに、現役時代は収入が大きいけれど、その分出ていくお金も大きいですね。

一方で、老後は、働いたとしても増減は少ないし、年金暮らしになれば収入は一定になります。原則、教育費や住宅ローンなど家計を圧迫し続ける大きな出費もありません。もちろん、予測できない医療費や介護費はありますが、**今まで家族優先で使っていたお金を自分たちの楽しみを優先して使っていい**んです。

そうですね。**今まで頑張ってここまで来たのだから、老後は自分のためにお金を使ってもいい**と思えてきました！

2-2

老後のお金、現役時代とどう変わる？

まずは「入るお金」と「出るお金」を把握

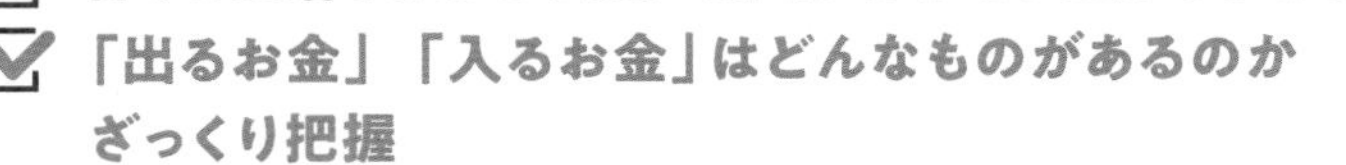

- 日々の生活でかかるお金。臨時にかかるお金がさまざまある
- 「出るお金」「入るお金」はどんなものがあるのかざっくり把握

定年後のお金は管理しやすいといったものの、一般的に老後は収入が少なくなりますから、**お金の動きについてはしっかり押さえておく必要があります**。

お金の動き？　わかるような、わからないような……。

お金の動きとは、**「入るお金」と「出るお金」の把握**です。それぞれに、どんなお金があるのか種類をざっくり把握して、まずは大まかな全体像をつかみます。右ページに老後に入るお金と出るお金の種類を書き出しました。**入るお金は、「定期的な収入」と「一時的な収入」の２つ**に分けて考えます。

具体的にはどのようなものがありますか？

定期的な収入は、給与や公的年金など。給与は定年後も働けば入りますし、夫婦なら２人分の給与を合わせて考えます。公的年金の他に企業年金があるならその金額も確認します。また、株の配当なども定期的な収入にあたります。そして、退職金や保険の満期金などは、一時的な収入です。

そうか！　定期的な収入ってお給料だけじゃないのですね。

■ あなたの老後に「入るお金」「出るお金」の種類を確認

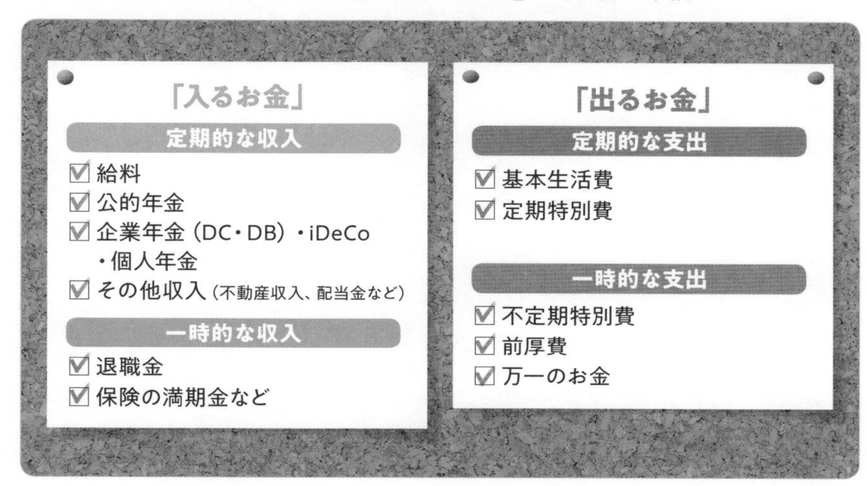

出るお金も「定期的な支出」「一時的な支出」の2つに分けて考えます。定期的な支出は、さらに食費や住居費、レジャー費など月々かかる「基本生活費」と固定資産税など年１〜数回かかる「定期特別費」に分けられます。一時的な支出は、かかる時期がわからないけど、まとまった金額となる「不定期特別費」と、「前厚費」、医療・介護といった「万一のお金」に分けられます。

出るお金はしっかり確認しておきたいですね。

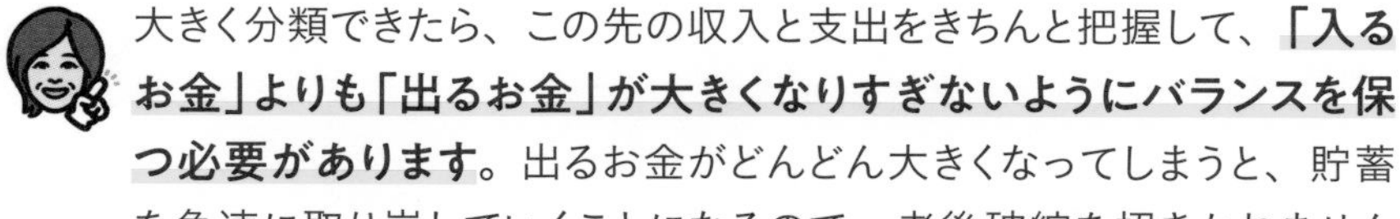

大きく分類できたら、この先の収入と支出をきちんと把握して、**「入るお金」よりも「出るお金」が大きくなりすぎないようにバランスを保つ必要があります。**出るお金がどんどん大きくなってしまうと、貯蓄を急速に取り崩していくことになるので、老後破綻を招きかねません。細かいお金の管理については、P102で詳しく説明していきますので、ここでは大まかな流れをつかんでください。

どんなお金があるかを確認しておくことで、老後の計画を立てるベースになるんですね。

2-3

足りなければバイトもあり

まずは長い目で「入るお金」の目処を考える

- 老後に入るお金の内容を把握しよう
- 定年後の収入は、どう変化していくのかを確認

次は、「入るお金」の管理について説明していきます。会社員であれば、「毎月必ず入るお金」がありますよね。でも、**定年後はその毎月必ず入るお金が当たり前のこと**ではなくなります。

当たり前ではなくなる？　どういう意味ですか？

一般的に定年退職は60歳ですが、年金の受給開始は65歳です。そのため、60歳でリタイアすると、年金までの5年間無収入となり、貯蓄を取り崩して生活することになります。

このタイミングで、貯蓄を取り崩すのは避けたいから、**私は定年後も働きたい**ですね。

そうですね。最近は、定年後も働くことが当たり前になりつつありますし、国も企業に公的年金の受給開始までの雇用確保を義務づけているので、65歳までの5年間は継続雇用などで働く人が多くなっています。ですが、給与は現役時代とは違ってきます。

そうか。私の周りでも**役職定年や再雇用でお給料が少なくなった、という話も聞きます。**

■ 現時点から老後に入る収入を把握しよう

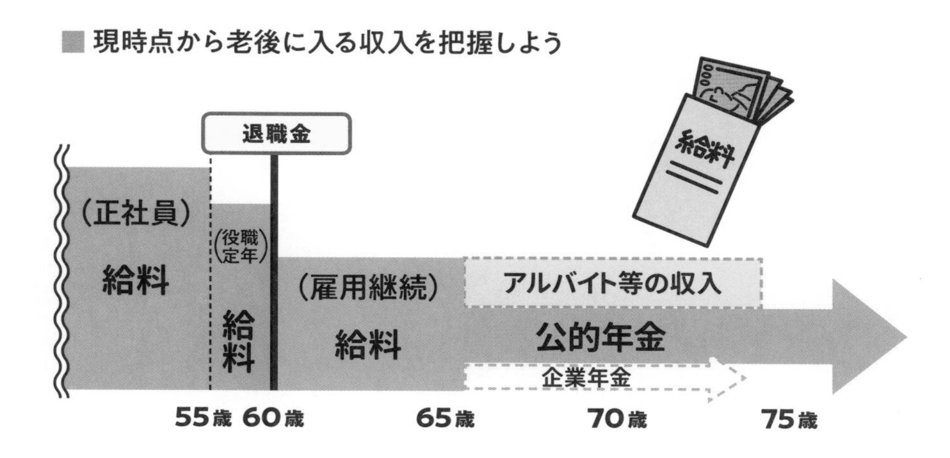

そのため、**現時点から老後に向けて入るお金の種類、入る金額の目安を確認しておく必要があります**。たとえば、今50代前半の人なら、現在の収入がどのくらいなのか、役職定年してからの年収がどのくらいになるのかも確認しましょう。

現時点から、どのくらいの収入が見込めるのかを「見える化」しておく必要があるってことですね。

そうです。そして、定年後に継続雇用で働くと決まったら、給与額がどのくらいなのかを確認。原則的に65歳から年金の受給開始となりますので、受給額についても確認しておきましょう。年金については、P82で詳しく説明していきます。

現在から老後に入るお金を把握することで、老後の資金計画をスムーズに立てることができますし、**不足する危険があれば、支出を抑える工夫をしたり、働く期間を延ばしたりと戦略を立てる**ことができます。キャッシュフロー表というツールを使うと便利なので、P58で説明しますね。

2-4

ざっくり日常生活費は７割に

現在の家計状況から老後の「出るお金」を予測

- 正確な現状を知るには「資産」と「負債」の両方を確認
- 老後の生活費は現役時代の70%と支出が減る

入るお金についてざっくりとイメージできたかと思うので、次は収支を数字で確認していきます。

数字で確認。もっと細かく見ていくってことですね。

そうです。まずは、**現在の家計の状態を「見える化」**しましょう。

具体的にはどんな風に進めたらいいのでしょうか？

１年間の収入と支出がどのくらいかを書き出すこと。右ページの例で説明していきますね。**収入は、月給とボーナスを合わせた金額**です。共働きなら２人分を合わせたものが「世帯の年間収入」になります。**この金額は必ず手取り（P74参照）を記入**します。

手取りですね。額面だと正確ではないですもんね。

その通り！　給与明細を確認する必要はないです。**給与振込口座の明細を見れば、簡単にわかります**。一方、**支出は、「基本生活費」「住居費」「教育費」「保険料」などを書き出す**こと。**月々にかかるお金の他、年に数回の支出についても書き出し**ます。最後に世帯の収入から年間の支出を差し引いて残ったお金が、この年の貯蓄できる金額になります。

■老後の生活費は現役時代の7割で

1年間の手取り収入

夫	月給	40万円×12カ月
		480万円
	ボーナス(夏)	60万円
	ボーナス(冬)	60万円
	その他の賞与など	0万円

A 夫の年間手取り収入 600万円

妻	月給	8万円×12カ月
		96万円
	ボーナス(夏)	0万円
	ボーナス(冬)	0万円
	その他の賞与など	0万円

B 妻の年間手取り収入 96万円

A 夫の収入 ＋ B 妻の収入
＝ 世帯の年間手取り収入 C 696万円

1年間の支出

基本生活費	
日常生活費（食費、水道光熱費、通信費、レジャー費、小遣い、雑費など）	240万円
住居費（家賃、住宅ローンなど）	150万円
教育費	70万円
保険料（生命保険など）	15万円
定期特別費	
固定資産税、自動車税など	20万円
不定期特別費	
車の購入、家族旅行（海外）など	50万円

D 年間支出合計 545万円

C 世帯の収入 － D 年間の支出
＝ 貯蓄可能額 151万円

老後の基本生活費の目安　年間基本生活費合計 475万円 × 70% ＝ 老後の基本生活費 332.5万円

老後はより厳しくお金の管理が必要ですので、**今から収支を把握しておく習慣づけをしてください**。この習慣が、楽しい老後を過ごすためにもつながります。

「怖いから見ない」ではダメですね。現実をしっかり見極めます。

その調子です！　事実を知ることで、不足しそうなら、対策を取ることができますから。そして、現在の家計の状態が把握できたら、老後の基本生活費の目安を予測しておきます。**一般的に老後の支出は、現役時代の約70%といわれています**。その理由は、定年後は、住宅ローンの返済や教育費が大きく減る人が多いから。子どもが独立すれば、家族の人数も減りますので、日常生活費なども少なくなります。

「出るお金」の見直し①

「基本生活費」のスリム化は固定費の見直しで

- ☑ 日々の生活費は「固定費」と「変動費」の2つ
- ☑ 生活費のスリム化は、まずは「固定費」から

前のページで定年後の生活費は、現役時代の約70%に減るとお伝えしましたが、今のうちに無駄な支出がないのかをチェックしておくことも大切です。

意識してスリム化しておくことですよね！

その通りです。定年後と現役時代とでは必要な支出の内容が変わってくることもありますから、今のうちから、**現状を把握して不要なものは「断捨離」して**いきましょう。

断捨離と聞くと、スッキリ気持ちよくなりそう。

日常にかかるお金は、主に「固定費」と「変動費」の２つに分けることができます。右ページの１カ月の支出を書き出した例を見てください。住居費や保険料、通信費など毎月決まった金額を支払っているものが、固定費にあたります。この金額は、引き落とし口座やクレジットカードの明細などで把握できます。

私、固定費はすべてクレジットカード払いなので、ぞれぞれがいくら払っているのか細かく把握していないです。

1カ月の支出はどのくらいあるのか？　今を把握する

	費目(内容)	金額(単位:円)
固定費	住居費(家賃、住宅ローンなど)	125000
	保険料(生命保険、個人年金など)	12500
	通信費(携帯、インターネットなど)	20000
	自動車費(駐車場、自動車ローンなど)	10000
	小遣い	40000
変動費	食費(家族での外食を含む)	50000
	水道光熱費(電気・ガス・水道(月額))	20000
	日用品費(消耗品)	10000
	理美容費・被服費	15000
	娯楽費・交際費	30000
	医療費	5000
	雑費	15000
	1カ月当たりの支出	352500円

そういう人が大半かもしれません。ちなみに、家計簿をつけているという人でも、ただつけているだけではダメですよ。**無駄な支出はないかを確認して調整**していくことが大切ですから。

そうか。つけて終わりじゃないんだ。

もう１つの変動費は、食費や日用品費、水道光熱費などその月によって動きがあるもの。事細かくつける必要はありませんので、上の例くらいざっくりとした項目分けでの確認を。

ざっくりした項目でいいんですね。

１カ月の支出が把握できたら、節約できる項目がないかをチェック。このとき**「固定費」を見直す**ことから始めるといいでしょう。**一度見直すだけで簡単に節約できますよ。**

「出るお金」の見直し②

60歳で生命保険は見直す 死亡から医療へシフト

- 定年後は現役時代と保障の優先度が変わる
- 高額な死亡保険は不要。医療保険は公的保障を理解してから検討する

固定費の見直しといっても、必要だから支払いが発生している気がするのですが……。

そうですね。でも、何年も前に契約しているなら、もっとおトクなサービスがあるかもしれませんし、**老後の生活に合致したものに変更する**というのも有効なんです。

たしかに。ライフステージが変わると最適なものも変わるはずですよね。

まずは、保険から考えていきましょう。現役時代と老後では必要な保障の形が変わってきます。

必要な保障の形とは?

保険は、万が一のときにお金を用意してくれるセーフティネットの役割を担っています。一般的には、亡くなったとき、病気をしたとき、その他(教育費、老後の備えなど)で優先順位があります。現役時代では自分が支えるべき人がいれば死亡したときに家族が困らないように保険をかけることになります。

そうですね。一番重要ですね。

■ 老後に必要な保険は現役時代と変わる

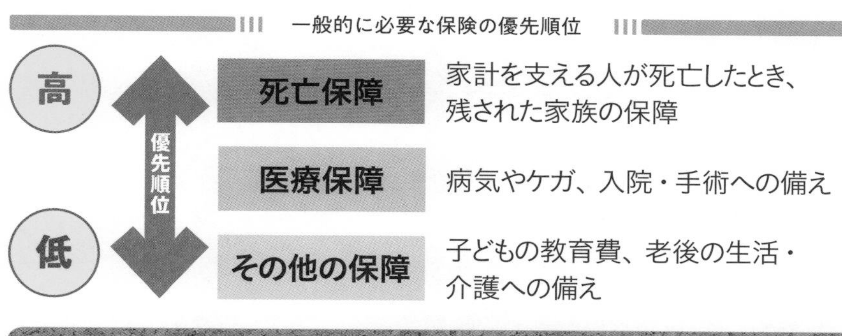

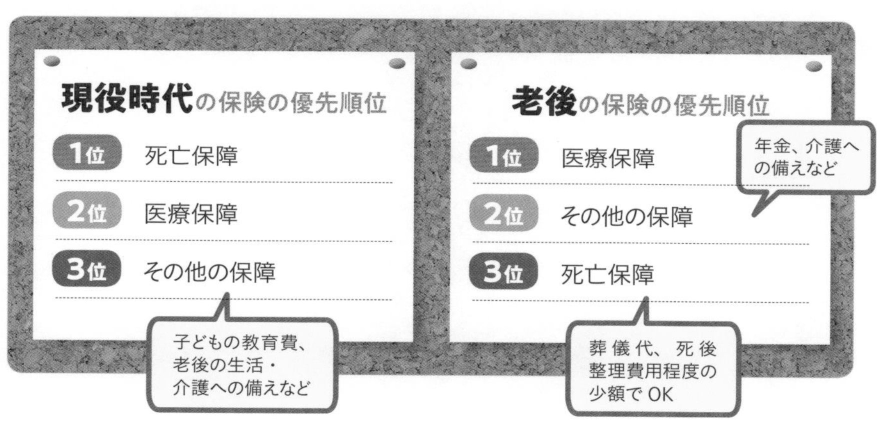

でも、**老後は、自分や配偶者だけの保障でいいので、高額な死亡保障は不要になり、医療保障が優先**になります。

そうか。老後は病気が増えそうだから備えておきたいかも。

医療保障で注意してほしいのは、**公的な医療制度**があるので、**公的な保障と手持ちのお金で問題なさそう**なら、**保険に入る必要はない**ことです。公的な医療制度についてはP180で詳しく説明します。ただし、がん治療に備えたい、入院時に個室に入りたいといった希望があるなら、保険加入は有効です。

なるほど〜。**保険は、公的な制度を理解してから、加入を考えたほうがいい**んですね。

「出るお金」の見直し③

携帯電話の契約内容を把握して無駄な契約は削減する

- ☑ 3大キャリアはオンライン専用プランに変更する
- ☑ 不要なオプションは解約する

次に見直すべき固定費は、携帯料金です。

携帯料金！　**毎月携帯料金1万円近く**払ってます。

通信費は、固定費の中でも占める割合が高くなってきている項目です。特に、携帯料金は、格安のサービスが多数出てきているので、**大手キャリアにこだわらず、乗り換えてしまう**のも1つの方法です。

でも、大手キャリアのほうが安心感が高いような……。

そういう人は、大手キャリアの「オンライン専用プラン」への変更がおススメ。たとえば、docomoで、基本料金が7315円のプランを、オンライン専用のahamoプランへ**換えるだけで年間5万2140円も節約**できます。

5万円……。それは魅力的ですね。

サポートはオンラインのみ、キャリアメールが使えなくなる（※）などの注意点もありますが、docomoのまま月20GBまで使えるプランが月額約3000円で利用できれば、大幅な節約になります。

※別途有償のキャリアメール持ち運びサービス等を利用した場合のみ継続して利用可能

■携帯電話は、基本料金が安いプランに変える

たとえば……
docomo の携帯をオンライン専用の ahamo へプラン変更

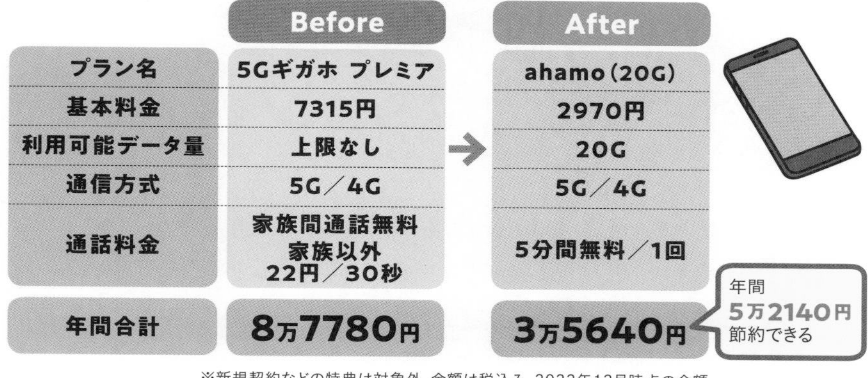

	Before	After
プラン名	5Gギガホ プレミア	ahamo（20G）
基本料金	7315円	2970円
利用可能データ量	上限なし	20G
通信方式	5G／4G	5G／4G
通話料金	家族間通話無料 家族以外 22円／30秒	5分間無料／1回
年間合計	8万7780円	3万5640円

※新規契約などの特典は対象外。金額は税込み。2022年12月時点の金額

他にもある携帯の無駄遣い！？

不要な携帯オプションは解約する

- かけ放題オプション
- 留守番電話サービス
- ケータイ補償サービス
- あんしん遠隔サポート利用

など

もう１つ、携帯料金の見直しポイントとして、自分にとって不要なオプションプランを整理するという方法もあります。**契約した当時のオプションをそのまま放置してしまっている人は意外と多い**ので、**不要なものがないかどうかのチェック**をしましょう。

たしかに、自分がどんなオプションプランに入っているのかよくわかっていないかも。

特に、「留守番電話サービス」や「かけ放題プラン」など、通話に関するオプションは不要になることが多いと思います。今は、スマホの利用が中心で、電話で話すよりメールや LINE でのやり取りで済むことも多いと思いますし、無料で通話できるアプリもあります。仕事では通話が多かったという人も、**定年後は一度見直すことで携帯料金をさらに圧縮できる**はずですよ。

2-8

「出るお金」の見直し④

動画配信やアプリなどサブスクリプション契約を整理

- 加入したまま放置している契約がないかを洗い出そう
- サービス内容が重なっている契約は見直そう

もう1つ固定費の**見直しとしておススメなのがサブスクリプション契約**です。月額1000円以下など金額がそれほど高くないから見逃されがちな出費です。

わかります！　30日間無料とかあるから、興味本位でどんどん契約しちゃいます。

そういう人は多いと思います。動画配信サービスが代表的ですが、スマホのアプリなどもチェックしてください。右ページにサブスクリプション契約の見直しをした例をあげました。

「Amazon プライム」「Yahoo ！プレミアム」のような有料会員サービスは、動画配信や EC サイトでのおトクな特典などがありますが、特典利用で元がとれるかで数を絞ることができます。たとえば、映像系のサービスは、かつて主流だった有料チャンネルと、動画配信サービスを契約しており、観たい内容に重なりがあったので、有料チャンネルを解約。有料コンテンツは、情報コンテンツは1つに絞って、料理系のアプリも一方解約するなどです。

なるほど！　**用途が重なっているサービスって意外とありそう**ですね。

サブスクリプション契約を見直した例

	サービス名	Before 月額料金(税込み)	After
総合	Amazonプライム	500円	500円
	Yahoo!プレミアム	508円	解約
映像	Netflix(スタンダードプラン)	1490円	1490円
	スカパー!基本プラン	4389円	解約
	WOWOW	2530円	解約
有料コンテンツ	朝日新聞デジタル(ベーシックコース)	980円	980円
	日経電子版(新聞購読料込み)	5900円	解約
	会社四季報オンライン(プレミアムプラン)	5500円	解約
	クックパッドプレミアムサービス	308円	308円
	クラシルプレミアム	480円	解約
	年間合計	27万1020円	3万9336円

※実際に見直しした人の取材を基に作成。2022年12月時点の金額

年間23万1684円節約

一度チェックするだけで、上の例では見直し後に月額約2万円スリム化できて、年間約23万円も安くなりました。

なんと！　23万円も。それは大きいです。

アプリなどで利用できる、有料コンテンツは月額500円などの少額ですし、支払いもクレジットカードなどで引き落とされているため、そのまま放置してしまうことが多いです。でもチリツモで意外と大きな金額になります。

こういった細かい部分も「断捨離」していくことで、ダウンサイジングできるんですね。急いでチェックします。

現役時代は仕事で必要だった有料コンテンツなどもあるでしょう。でも**定年後は生活が変わって不要となるものもあるので、ぜひ一度見直しを**してください。

日常生活費のスリム化だけではダメ!

定年後の赤字の源は「特別費」にあった!

CHECK!

- 「特別費」は3つに分けて考える
- 自分がやりたいことを実現するために、前厚費を意識して優先的に確保する

日常生活にかかるお金は、固定費から見直してみることで、ダウンサイジングできることは理解できたかと思います。

はい。今のうちから固定費に無駄がないかをチェックして、不要なものは断捨離して支出を減らすということですよね。

その通りです。でも、日常生活費以外の「出るお金」で確認しておくべきものがあります。**その確認を怠ってしまうと「家計が赤字に転落する」**ことになりかねません。

赤字に転落!　それは避けたい。何を確認するのですか?

そのお金とは**「特別費」**です。

特別費とはどのようなものですか?

基本生活費のように、毎月必ずかかるお金ではありませんが、**1年に1度や数年に1度などの単位で必要になるお金のことを「特別費」**と呼びます。このお金は、内容によりますが1度に数万～数十万円、場合によっては数百万円などまとまったお金が必要になります。

■「特別費」は3つの種類に分けて考える

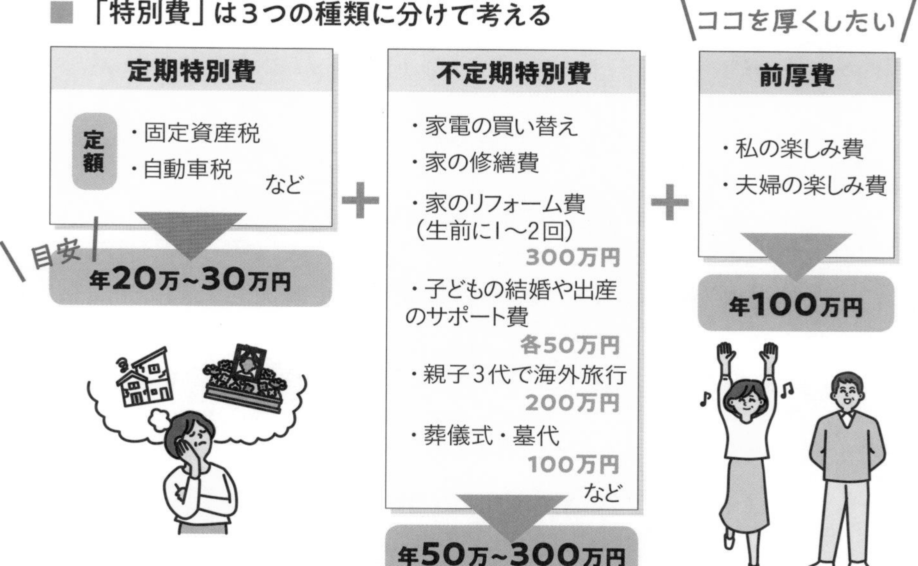

数万円～数百万円! それはしっかり見ていく必要ありますね。

「定期特別費」「不定期特別費」「前厚費」の3つに分けて考えます。まずは、「定期特別費」から。たとえば、家や車を保有しているなら、「固定資産税」「自動車税」は1年に1度ほぼ決まった額がかります。定期特別費の目安としては、20〜30万円程度、確保しておききたいところです。

固定資産税は金額が大きいから確保しておかないと。

2つ目は、「不定期特別費」です。

不定期特別費？　イメージできるような、できないような……。

たとえば、家電の買い替えや、家の修繕費などは、数年に1度は発生すると想定して、きちんと把握しておくこと。給湯器の交換やトイレの修理など、家の修繕にかかる費用は、数十万円など高額な出費になる可能性も。婚葬祭費なども不定期特別費にあたります。

たしかに、突然給湯器が壊れてお湯が出なくなったという話も聞きますね。家電の故障も予測できないし。

また、家のリフォーム費や、自分の葬儀代や墓代など、死後整理に必要なお金も不定期特別費です。さらに、子どもがいる人は、子どもの結婚や出産のサポート費、子どもと一緒の旅行費用など、家族に関わるイベント費も対象になります。

長く住んでいる家だと、定年後リフォーム費が必要になりそうですね。

そうですね。老後になると、築年数20年、30年となる人も多いと思いますので、キッチンや浴槽などをリフォームするなど大規模な修繕になると数百万円の費用がかかる可能性もあります。

そして、**3つ目は「前厚費」。この費用をしっかり確保することが、充実したセカンドライフをおくるカギとなります**。

なんとなく、親や子どもと行く旅行も前厚費に入る感じがするのですが、これは入らないのですか？

それでもいいのですが、自分以外の家族と行く旅行などに使う費用については、不定期特別費として費用を確保し、**前厚費はあえて、「自分がしたいこと」にフォーカスして予算組みしたい**のです。

前厚費は、自分だけの楽しみということですね。

そうです。ただ、夫婦の場合は、たとえば共通の趣味があって、2人で一緒に楽しむのであれば、夫婦の前厚費として考えることでもいいと思いますので、資金をどう分けておくのか2人でよく話し合ってください。

■ 家族のイベント費。どれが「不定期特別費」でどれが「前厚費」？

前厚費は自分軸で考えることが大切なんですね。

はい。家族のための費用と、自分がやりたいことの費用を同じ枠で予算立てしてしまうと、気づいたら自分のためにかけるお金が足りなくなったということになりかねません。**自分の希望を明確にして、どのくらいの費用が必要なのかを把握し、費用を確保するようにします。**もし費用の捻出が厳しくなりそうなら、子どもへの援助は、結婚式まではするけど孫の教育援助まではしないなどと決めて意思を伝えておくなど、前厚費を確保するように工夫しましょう。

意識して、前厚費を確保できるように工夫していくことで、自分のやりたいことが実現できるわけですね。

そうです。定年後は、収入を大きく増やすことは望めませんので、特別費をしっかり計画しておかないと、老後破綻につながりかねません。**計画に無理が生じるようなら、見直すことも大切**になります。

「前厚」ライフをしたいけどちょっと心配

「医療・介護」の資金はどうやって準備する？

CHECK!

- 医療と介護のお金は特別費とは別に「万一のお金」として準備
- 高額な治療費が心配なら医療保険で準備する方法も
- 介護施設への入居金は「iDeCo」を利用する方法もアリ

前厚費をしっかり確保できるように工夫することはわかったのですが、老後は、病気や介護のリスクが高まるから、どうしても心配になります。

そうですね。病気や介護のリスクは年齢が上がるほど大きくなりますし、突然、大病や介護が必要になることもあり得ます。

どのように備えておけばよいのですか？

まずは医療費から、説明しましょう。持病などで、既に病院にかかっている人も少なくないかもしれません。**日常的にかかる医療費については、基本生活費に含めて考えておきます。**高齢になるに従い、日常的な医療費は増えますが、一方で体力が衰えると、遠くへ出かけることやたくさん食べることなどができなくなりますので、前厚費や特別費を減らして、その分医療費を多くとるといいでしょう。

年齢に合わせて、お金の配分を変えていけばいいのですね。でも、突然、がんなどになって、高額な治療費がかかる場合は、どう備えたらいいでしょうか？

■ いつ大きな病気や介護になるのかはわからない！

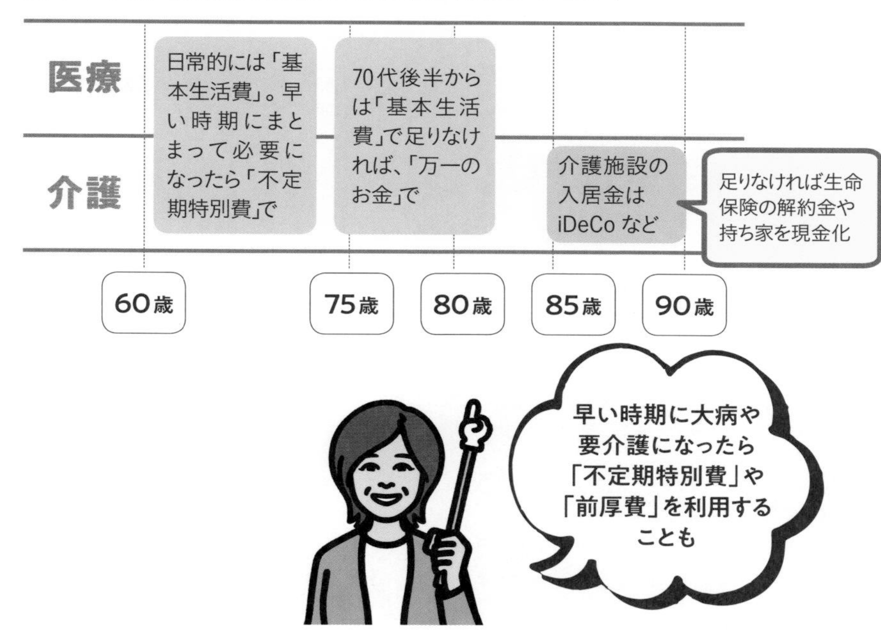

そのようなときのために、**特別費などとは別枠で「万一のお金」を準備**しておきます。退職金など貯蓄で準備できればよいですが、先進医療なども考慮して、**終身型の医療保険やがん保険に加入しておくのも一法**です。**早い時期に大病になったら、不定期特別費や前厚費を利用することも考える必要**があります。

介護費用はどうしたらいいでしょうか？

介護リスクは70代後半くらいから高まるので、その分の費用を基本生活費に含めて考えておきましょう。ただ、介護施設に入居する場合は、数十万円から数百万円といった金額が必要になりますので、iDeCo（P 146参照）などで準備する方法もあります。
それでも、資金が不足してしまうという場合は、生命保険の解約返戻金の利用（P 124参照）や、最終手段として持ち家を現金化する（P 126参照）という方法もあります。詳しくは7章でご説明しますね。

2-11

老後のお金の計画書

老後のお金の使い方を考えるなら「キャッシュフロー表」を作ってみる

- キャッシュフロー表を作ると「いつ」「どのくらい」必要かお金の割り振りがわかる
- 老後破綻するようなら計画を見直す

現在から老後の家計の状況や特別費の予算について把握することができたら、老後の家計をシミュレーションしてみましょう。そのために、「キャッシュフロー表」を入力していきます。

キャッシュフロー表とはなんですか?

毎年の家計の状況を確認しながら、将来に向けてお金の動きを把握するツール。簡単にいうと、**将来自分がやりたいことを実現させるための「将来のお金の計画書」**というイメージです。

お金の計画書ですか。なんだか、難しそう。

そんなに堅苦しく考えなくて大丈夫。右ページの例で、解説していきますね。最初に年号と家族の年齢を入れ、これから起こる予定の大きなライフイベ記入します。そのうえで、収入や支出、年間収支などを入れていきます。
収入は、手取り収入を記載し、公的年金は「ねんきん定期便(P84参照)」の見込額を入れるとより精度があがります。

わかりました。

■ キャッシュフロー表で老後の資金計画を確認

イベントの内容を記入

現在の年齢を記入

（単位：万円）

年	2023	2024	2025	2026	2027	2028	2029	2030
経過年数	現在	1年後	2年後	3年後	4年後	5年後	6年後	7年後
夫の年齢	59	60	61	62	63	64	65	66
妻の年齢	54	55	56	57	58	59	60	61
ライフイベント		海外旅行 車の買い替え	長女の結婚	リフォーム	長男の結婚	出産祝い金		出産祝い金
夫の収入（手取り）	466	298	298	298	298	298	465.5	465.5
妻の収入（手取り）	0	0	0	0	0	0	0	0
一時的な収入（手取り）		1700						
収入合計 A	466	1998	298	298	298	298	465.5	465.5
基本生活費	358	278	278	278	278	278	278	278
その他の支出	20	20	20	20	20	20	20	20
一時的な支出	20	320	160	260	160	70	60	70
支出合計 B	398	618	458	558	458	368	358	368
年間収支 A－B	68	1380	-160	-260	-160	-70	107.5	97.5
貯蓄残高	1000	2380	2220	1960	1800	1730	1837.5	1935

定期特別費はここに記入

不定期特別費・前厚費はここに記入

「今年の貯蓄残高＝前年度の貯蓄残高＋今年の年間収支」で計算

支出は、「基本生活費」のほか、「その他の支出」に固定資産税、自動車税などの「定期特別費」を記入。「一時的な支出」には、家電の買い替えや家のリフォーム費などの「不定期特別費」と、「前厚費」を入れましょう。入力が完了したら、**「年間収支」「貯蓄残高」の確認**をします。年間収支がマイナスは、その年は赤字家計ということ。**貯蓄残高がマイナスになると、老後破綻を起こすことになりますので、家計の見直しが必要です。**

キャッシュフロー表は、**https://a-izumi.com/** からダウンロードできますので、実際に老後の資金計画を入力して見てください。

キャッシュフロー表で見る前厚のライフシミュレーション ①

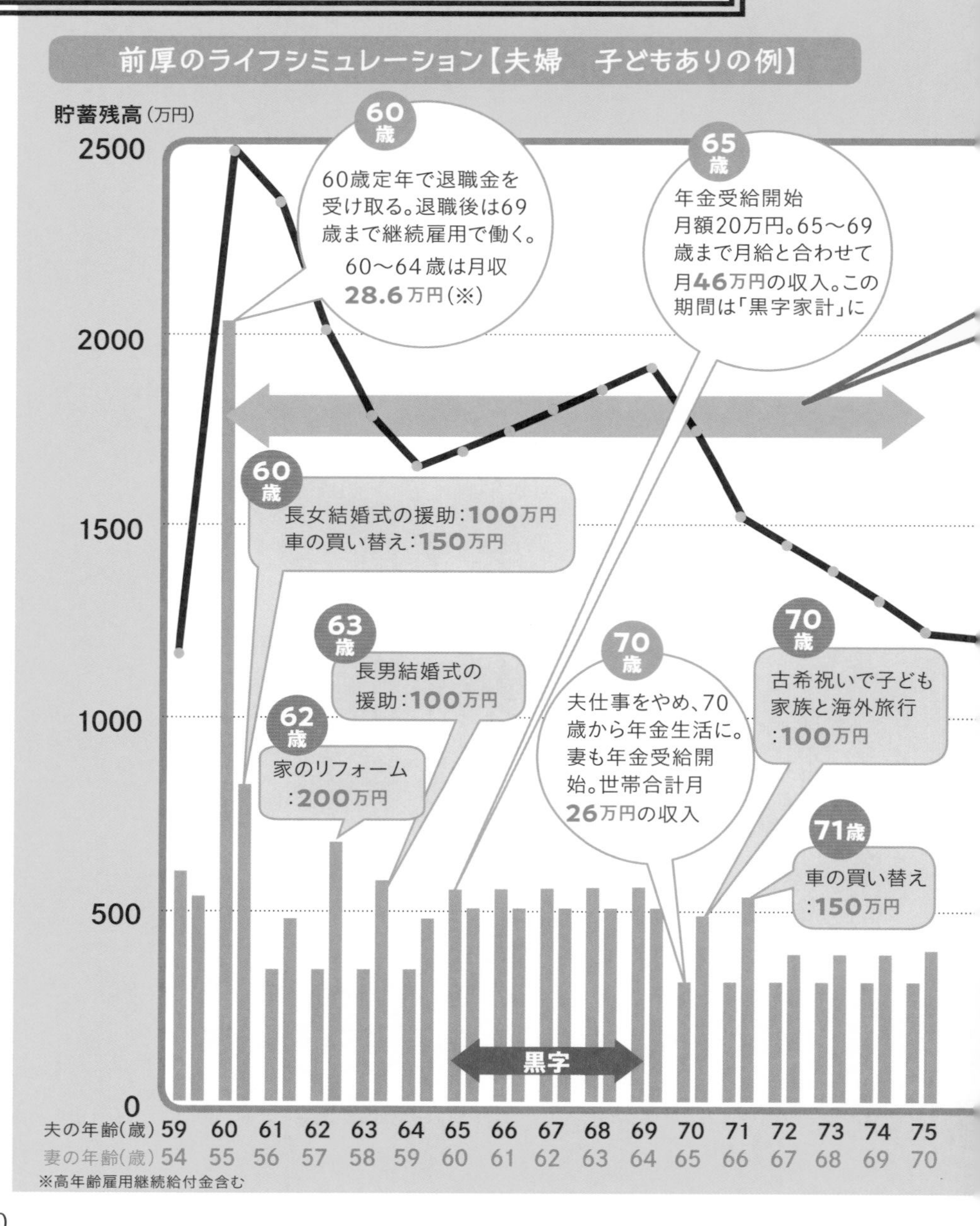

マネーデータ

59歳時の金融資産残高	：1200万円
住宅ローン	：完済済
退職金	：1700万円
前厚費	：100万円×1回＝100万円
	：40万円×16年＝640万円
その他の支出(定期的)	：夫59～74歳 20万円／年、75～90歳 30万円／年 妻86～90歳 15万円／年

前厚費

60歳 退職記念の海外旅行：**100**万円

60～75歳

年2回、夫婦で国内旅行：40万円×16回＝**640**万円

合計**740万円**

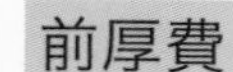

P58でお話しました「キャッシュフロー表」は、グラフ化するとよりわかりやすくなります。

グラフ化ですか。

モデルケースで見ていきましょう。P60のシミュレーションは、子どもありの夫婦（年齢差5歳）のケースです。59歳時点の金融資産残高は1200万円、退職金は1700万円。住宅ローンは完済しています。この夫婦の老後のお金の年間支出と、金融資産残高をグラフで確認していきます。収入はオレンジ、支出はグリーンの棒グラフ、金融資産残高は、黒い折れ線グラフで示しています。

夫婦世帯の場合は、２人の収入を確認する必要がありますね。

はい。このケースでは、夫が69歳まで継続雇用で働くので、60〜64歳の間は、高年齢雇用継続給付金と合わせて、月28.6万円の収入があります。65歳からは年金受給開始となりますので、給与と年金と合わせて46万円の収入になります。

年金をもらいながら働くことは老後の収入を増やす方法の１つでもありますね。

そうです。このケースの場合、65〜69歳の5年間は黒字家計になりますので、**金融資産残高の折れ線グラフ**も上がっています。つまり年金をもらいながらも、**貯蓄を増やせる**ことがわかります。

なるほど。逆に**折れ線グラフが下がっている場合は、貯蓄がどんどん減ってきているのがわかる**ということですね。

その通りです。次は支出を見ていきましょう。

このケースでは、**前厚費を740万円確保しています**。他に、固定資産税などの定期特別費として、夫が74歳まで20万円を計上、夫が75歳以降は、医療費として10万円多く確保し、夫死亡後、妻一人になったら、15万円に減らしています。

その他、家のリフォームや車の買い替えの他、子どもへの援助を不定期特別費として計上。子ども家族との海外旅行も不定期特別費として計上しています。

家の修繕費や子どもへの援助の負担がかなり大きいですね。

そうですね。子どもがいる人は、シングルと比べると家族にかかるお金が大きくなるので、どこまで援助するのかなど、しっかり考えておく必要があります。

このケースでは、夫死亡時に生命保険が300万円入り、妻90歳時点での貯蓄残高は710万円となります。**夫婦の場合は、ひとりになったときの収支の変化についても確認しておく必要があります。**

キャッシュフロー表で見る ライフシミュレーション

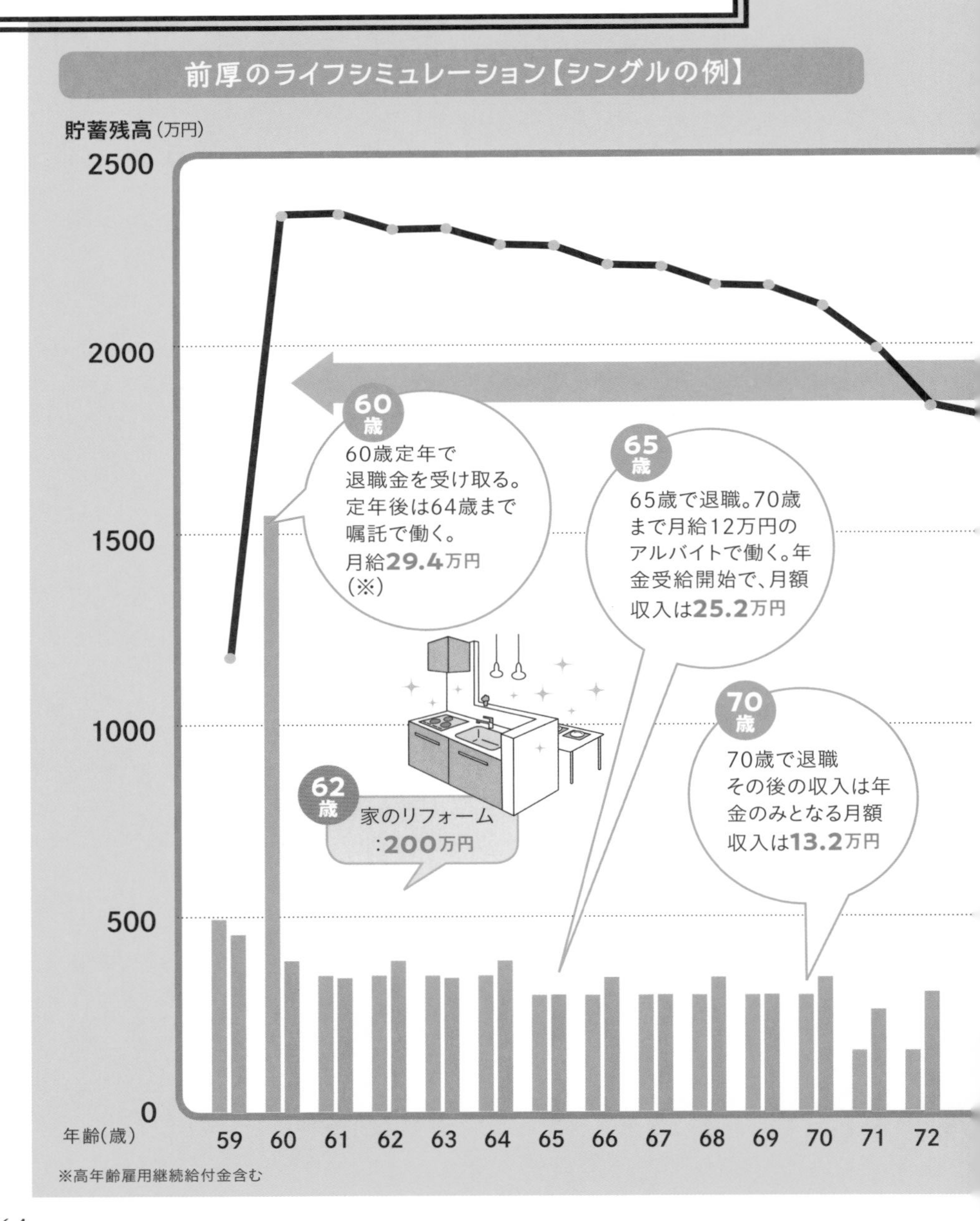

マネーデータ

59歳時の金融資産残高	：1180万円
住宅ローン	：完済済
退職金	：1200万円
前厚費	：50万円×8回＝400万円、5万円×12回＝60万円
その他の支出(定期的)	：59歳　40万円／年、60〜74歳　30万円／年、75〜90歳　25万円／年

前厚費

60~74歳　2年に1回海外旅行：**50**万円×8回=**400**万円
61~73歳　2年に1回国内旅行：**5**万円×7回=**35**万円
75~79歳　毎年1回国内旅行：**5**万円×5回=**25**万円

合計460万円

90歳時点の貯蓄残高は約**235**万円

73 74 75 76 77 78 79 80 81 82 83 84 85 86 87 88 89 90

次は、おひとり様の場合のモデルケースです。

おひとり様の場合は、子どもへの援助などがない分、かかる費用が少なくなるので、もう少し楽なのでしょうか？

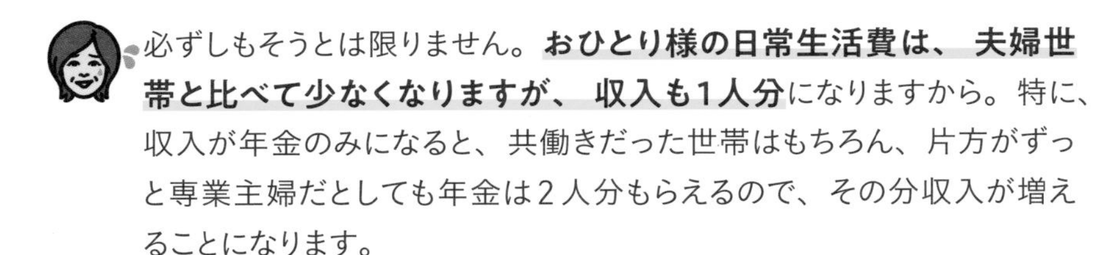

必ずしもそうとは限りません。**おひとり様の日常生活費は、夫婦世帯と比べて少なくなりますが、収入も1人分**になりますから。特に、収入が年金のみになると、共働きだった世帯はもちろん、片方がずっと専業主婦だとしても年金は2人分もらえるので、その分収入が増えることになります。

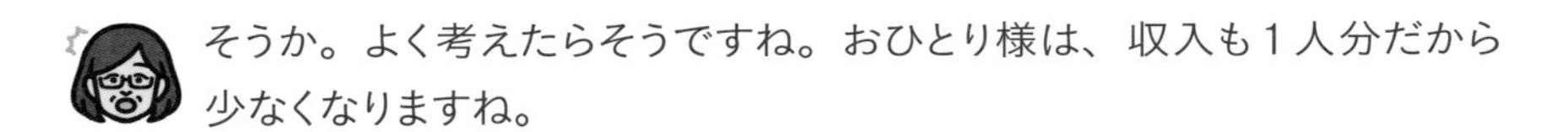

そうか。よく考えたらそうですね。おひとり様は、収入も1人分だから少なくなりますね。

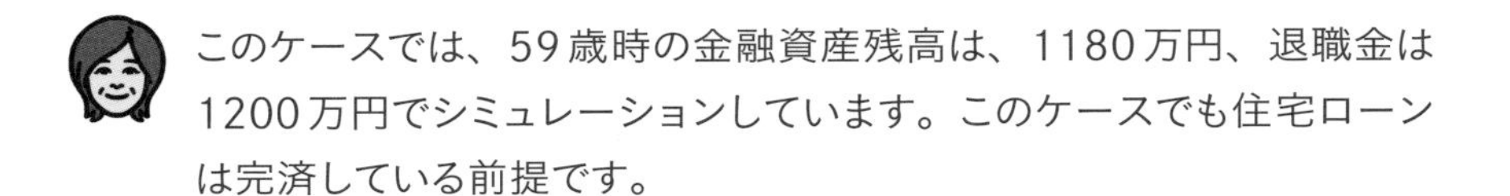

このケースでは、59歳時の金融資産残高は、1180万円、退職金は1200万円でシミュレーションしています。このケースでも住宅ローンは完済している前提です。

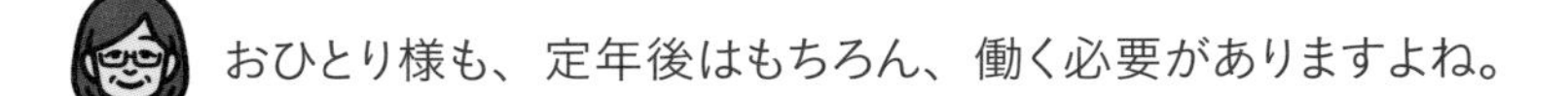

おひとり様も、定年後はもちろん、働く必要がありますよね。

そうですね。いずれにしても**原則として年金受給開始は65歳**ですから、**それまでは働くほうが理想的**です。このケースでは、64歳まで嘱託社員として働くので、月給と高年齢雇用継続給付金を合わせて、29.9万円の収入があります。65歳で年金をもらうようになってからは、アルバイトでの収入と合わせて25.2万円の収入があります。70歳からは収入が年金のみとなるので、大幅に赤字となり、ここから資産の取り崩しが本格的に始まっていきます。

このシミュレーションでは、自分が楽しむための「前厚費」を79歳まで確保しているんですね。

自分が楽しむお金は、いつまでしか使ってはいけないということもありませんから。**年齢とともに、海外旅行を近くの温泉旅行などにするなど、その年齢にあった楽しみ方に変化させていけばいい**と思います。**一方、高齢期は、医療・介護費の比重を多く確保するように計画することも重要です**。

わかりました。いつまでも元気でイキイキと暮らしたい！

このケースでは、定期特別費として60〜74歳で30万円、75歳以降は10万円減るものの、医療費として5万円多く確保します。不定期特別費には、リフォーム費用を200万円計上しています。

子どもがいないと家族にかかる費用がありませんね。

このケースではそうですが、**親や兄弟姉妹との旅行などその人によって家族にかかるお金もあります**。介護が必要になったとき、サポートする家族がいない場合、その分費用がかかることもあり得ます。自分の場合はどうなのかを見極めるようにしましょう。このケースでは前厚費を合計460万円確保し、90歳時点での金融資産残高は、約235万円となります。**最終的な貯蓄残高を確認し、不安が残るという場合は、資金計画を見直すようにしましょう**。

知らないと損する?!

おトクなサービス・シニア割をチェック!

趣味・娯楽 編

映画はいつでも700円割引

ほとんどの映画館でシニア割がある。一般料金より700円安く、身分証明書等の提示で利用できる。イオンシネマは55歳から利用可能。

割引特典名	条件	料金	対象映画館
ハッピー55(G.G)	55歳以上	1100円	イオンシネマ
夫婦50割	夫婦のどちらかが50歳以上	2人で2200円	イオンシネマ
シニア割/シニア料金	60歳以上	1200円	TOHO シネマズ MOVIX 109シネマ ユナイテッドシネマ

スポーツクラブはシニア料金で月2500円おトクに

60歳以上の人は、平日のオープン〜17時の利用で割引に。プランにより割引価格が異なり、たとえば回数制限なしのプランでは月約2500円(※)おトク。
※カテゴリ1の施設の場合

プラン名	ゆとりすとの選択 Days(デイズ)
対象年齢	60歳以上
対象店舗	コナミスポーツクラブ
プラン内容	平日のオープン〜17時の利用を対象に割引。月4回・8回・回数制限なしのプランから選べる

高齢者割引+会員割引でオペラ・バレエ鑑賞が15%OFF

施設名	新国立劇場
対象年齢	65歳以上
割引内容	5%割引価格でチケットを購入できる(D・Z 席除く全席種)さらに、「クラブ・ジ・アトレ」会員(年会費3960円)になると割引率が15%にアップする

高齢者割引で、チケット代が5%割引に。「クラブ・ジ・アトレ」の会員になると、割引率が15%にUP。またチケット購入・お買い物でポイントが貯まり、抽選で公演招待が当たる特典も。

注)すべて編集部調べ。2022年12月時点の情報

日常生活編

スーパー・ドラッグストアのお買い物を5%OFFにする

スーパー・ドラッグストアは、5% OFFになる日を狙って買い物を。イオン・イトーヨーカドーは、指定の電子マネーなどを利用すれば5% OFFになる。スギ薬局・ツルハドラッグは支払い方法の指定なし。いずれもシニア会員等の登録が必要。

スーパー

割引特典名	G.G感謝デー
対象年齢	55歳以上
対象店舗	イオン
条件	電子マネー：G.G WAON・ゆうゆうワオン／クレジットカード：GG イオンカード・イオン JMB カード／GG マーク付きのいずれかで決済
割引内容	毎月15日の買い物が5% OFF と WAON POINT が2倍(200円ごとに2ポイント)付く。ポイントは1ポイント1円で利用できる

割引特典名	シニアナナコデー
対象年齢	60歳以上
対象店舗	イトーヨーカドー
条件	電子マネー：シニアナナコカード、nanaco カード(※)／クレジットカード：セブンカードプラス、セブンカードのいずれかで全額決済
割引内容	毎月15、25日の買い物が5% OFF。また8、18、28日の買い物も5% OFFに(ハッピーデー)

※nanacoカードの場合シニアナナコカードの提示が必要

ドラッグストア

割引特典名	Goハッピーデー
対象年齢	60歳以上
対象店舗	スギ薬局
条件	スギ薬局アプリで15日に配信されるクーポンを提示する(※)
割引内容	毎月15、16、17日の買い物が5% OFF

※身分証明書の提示とポイントカード提示でも対象

割引特典名	シニア感謝デー
対象年齢	60歳以上
対象店舗	ツルハドラッグ
条件	シニアマークの付いたツルハポイントカードを提示する
割引内容	毎月15、16、17日の買い物が5% OFF。配達サービス「とどけ〜る」の配達料が最大5個まで275円(北海道247円)に

ランチ代は「シニア割」で5%OFFに

60歳以上の人はすかいらーくグループの対象店舗で、店内飲食でもテイクアウトでも料金が5% OFF。曜日指定や回数制限なし。店内飲食の場合、同伴者6人まで割引を受けられる。店頭またはアプリから「プラチナパスポート」を入手して、精算時に提示すると割引になる。

割引特典名	プラチナパスポート
対象年齢	60歳以上
対象店舗	ガスト、夢庵など「すかいらーくグループ」のレストラン
条件	店頭またはアプリから入手したプラチナパスポートを精算前に提示する
割引内容	店内飲食と持ち帰りが何度でも5%割引。店内飲食の場合は同伴者6名まで対象になる(有効期限あり)

全国で使える!

青春18きっぷ

全国のJR普通列車が乗り放題のきっぷ(5回まで利用可能)。利用期間が春季・夏季・冬季の3回と決められている。料金:1万2050円(1回あたり2410円)

ジパング倶楽部

1年に20回まで、日本全国のJRの運賃・料金が2〜3割引になる。JRホテルグループのホテル宿泊料金の割引優待を受けられる。女性満60歳以上、男性満65歳以上で会員になれる。年会費(個人の場合):3840円

JR西日本

おとなび

山陽新幹線や特急列車をおトクな価格で利用可能な会員限定きっぷを購入できる。満50歳以上から、J-WESTネット会員へ登録すると利用できるようになる

JR九州

ハロー!自由時間ネットパス

JR九州の列車が連続する3日間乗り放題(九州新幹線・西九州新幹線・特急列車・普通、快速列車)。料金:9800円(北部九州版)・19800円(全九州版)満60歳以上で、JR九州Web会員とハロー!自由時間クラブ会員への登録が必要

注)すべて編集部調べ。2022年12月時点の情報

JR北海道

北海道フリーパス

JR 北海道内の在来線特急列車の普通車自由席及び JR 北海道バスを7日間何度でも利用可能。普通車指定席を6回まで利用できる。料金：2万7430円

JR北海道+JR東日本

※画像提供JR東日本

大人の休日倶楽部ジパングカード

JR 東日本・JR 北海道のきっぷが回数無制限で3割引に。会員限定のおトクなきっぷが利用できる。「ジパング倶楽部」の会員特典も利用可能。女性満60歳以上、男性満65歳以上で会員になれる。年会費：4364円（大人の休日倶楽部ジパング年会費3840円＋カード年会費524円）

JR東日本

えきねっとトクだ値

WEB サイト「えきねっと」では、JR 東日本の新幹線・在来線特急が割引料金で購入できる。割引率は5～40% で商品・列車・区間により異なる

JR四国

四国フリーきっぷ

JR 四国全線の特急列車自由席、土佐くろしお鉄道窪川～若井間の普通列車自由席、ジェイアール四国バスの路線バス（高速バス除く）に連続3日間自由に乗り降りできるおトクなきっぷ

飛行機編

シニア割を使って おトクな運賃を利用

各航空会社にはシニア割があり、身分証明書等が必要になるが、一般料金より割安な値段で購入できる。座席制限があり、原則変更はできない。搭乗日当日や前日からの予約しかできないところもあるが、予約・発売開始からでも予約が可能なところもある。

シニア割を活用する

スターフライヤー

スターシニア

利用条件：満65歳以上、年齢確認できる公的書類または他航空会社のシルバー会員証が必要

予約期限：予約・発売開始日から搭乗日当日まで(座席数限定あり)

変更：不可(当日予約便より前に空きがある場合は変更可)

運賃例

羽田→福岡(通常期)1万7000円

※旅客施設使用料別。2022年12月27日時点の情報

ANA

スマートシニア空割

利用条件：満65歳以上、ANAマイレージクラブカード会員または、ANAカード会員(※)

予約期限：搭乗日当日(0：00〜)(座席数制限あり)＊オンラインチェックインも可能

変更：不可

※年会費2200円〜

運賃例

羽田→沖縄(通常期)1万7600円

※旅客施設使用料別。2022年12月27日時点の情報
運賃額は空席状況によって変動

Solaseed Air

65歳からのシニア割

利用条件：満65歳以上、年齢確認できる公的書類(運転免許証や健保険証など)が必要

予約期限：会社が指定する日にちから当日まで(座席数制限あり)

変更：不可

運賃例

羽田→大分(通常期)　1万7300円

※旅客施設使用料別。2022年12月27日時点の情報

注)すべて編集部調べ

旅行は早めに計画を練る。早割なら大幅割引に

航空券は、早く予約するほど料金が割安になるサービスがある。21日前、28日前、75日前など早く予約するほど料金は安くなる。基本的に予約変更はできず、マイルの積算率も通常より低い。

早割を活用する

ANA

ANA SUPER VALUE（早割）

予約期限：75日、55日、45日、28日、21日までの予約で運賃が割引

変更：不可

運賃例　**羽田→那覇　75日前までの予約で1万2650円～**
羽田→那覇　21日前までの予約で2万3100円～

※旅客施設使用料別。2022年12月27日時点の情報。運賃額は空席状況によって変動

国際線はスペシャル運賃・比較サイトを利用する

国際線は早割やシニア割がないため、期間限定のスペシャル運賃の利用や、格安航空券比較サイトの利用を。比較サイトは、目的地・日時等を入れるだけで最安値を教えてくれるので便利。

JALの期間限定スペシャル運賃を利用する

期間限定スペシャル運賃

ハワイ、東南アジア、東アジア、オーストラリアの運賃が期間限定でおトク

運賃例　**羽田→ハワイ（ホノルル往復）**
往復運賃　3万9000円×2+
税金・燃油サーチャージ8万9070円
合計　16万7070円

※復路2022年11月29日、往路2022年12月5日。
燃油サーチャージは航空燃油価格により変動あり
（情報は2022年11月24時点）

格安航空券比較サイトを利用する

国内・海外の航空券、宿泊施設を比較し、予約まで完結できるサービス。行先・日程・人数等の条件を入れるだけで、最安値の情報を教えてくれる

代表的なサイト　エアトリ（https://www.airtrip.jp/）
Skyticket（https://skyticket.jp/）

海外ホテルだけ海外航空券+ホテルでも検索可能

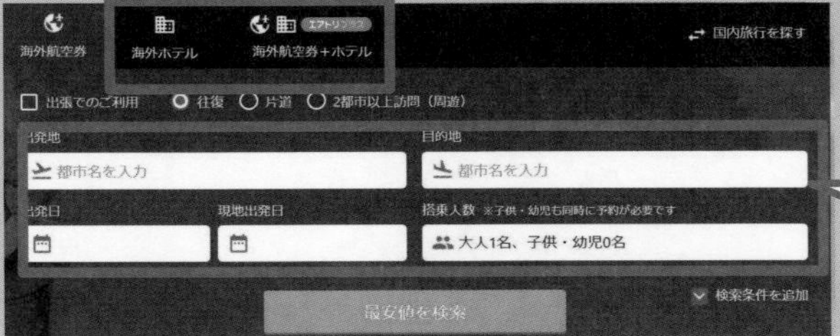

出発地・目的地
出発日・現地出発日・搭乗人数
を入力するだけ

※左はエアトリの例

「入るお金」を正確に把握するには手取り額を知ること

定年後も継続雇用などで働く場合、入るお金のメインは給与になります。入るお金の正確な金額を把握するには「手取り額」を確認することが大切。実際に受け取る金額は、提示される給与額から、税金（所得税・住民税）と社会保険料（厚生年金・健康保険・介護保険・雇用保険）を差し引いたものになります。たとえば、継続雇用するにあたり、月給20万円の契約だとすると、実際に入るお金は下図の通り約16万円と約20%も少なくなります。また、収入が年金のみになっても、原則税金と社会保険料は差し引かれます（P90参照）。手取り額を増やすために生命保険・地震保険などの「保険料控除」や「医療費控除」を申告すると、所得税・住民税を減らすことができます。

● 給料20万円でも手取りは約16万円！

税金	所得税	3133円
税金	住民税	6800円
社会保険料	厚生年金	1万8300円
社会保険料	健康保険・介護保険	1万1450円
社会保険料	雇用保険	1000円
	手取り	約16万円

額面20万円

※東京都在住、単身の場合。特別復興税は含まず

60歳以降の収入にも
税金と社会保険料
（厚生年金、健康保険、
介護保険、雇用保険）
がかかる!

3章

退職金・年金のもらい方は自分仕様で！

3-1

知らないと損をする?!

退職金は一括で受け取るのが断然おトク

- 一時金で受け取ると大幅な税控除が受けられる
- 受け取り方を工夫して控除額を目一杯利用

退職金を受け取る場合、一度にまとまった金額になるから、やっぱり税金は高くなりますか?

それが、退職金にはおトクな税制が適用されるんです。特に一時金で受け取る場合は**「退職所得控除」という税の負担を減らす仕組みを使えるので、多くの人が税金ゼロになるんです**。退職金を年金で受け取れる会社もありますが、税制メリットの点からは、一括受け取りが圧倒的に有利です。

なんと! 税金がゼロになる金額の目安はありますか?

退職所得控除で、控除される金額は右ページ上の計算式で算出することができます。たとえば勤続30年であれば1500万円が控除額となるので、**一般的な退職金の額であれば税金を一切支払わずに済むことも少なくない**んですよ。

つまり、退職金は一時金で受け取るほうがいいってことですね。

基本はそうですが、例外もあります。たとえば、右ページの例で考えてみましょう。このケースでは、2000万円の退職金を、①一時金1200万円に加えて、②一時金500万円または年金50万円を10

■ 退職所得控除でどのくらいまで控除が受けられる?

退職所得控除の計算式

勤続年数 20年以下	40万円	×	勤続年数		(80万円に満たない場合は80万円控除される)
勤続年数 20年超	800万円	+	70万円	×	(勤続年数−20年)

(1年未満の端数は切り上げる)

たとえば…… **勤続年数34年、退職金2000万円**を受け取る場合のおトクな受け取り方は?

この金額まで税金がかからない

退職控除の額 800万円 + 70万円 × 勤続年数(34年−20年) = 1780万円

◎退職金2000万円の内訳

- 退職一時金 ① 1200万円
- 企業年金(DB・DC(※)など) ② 一時金として500万円 OR 年50万円×10年 受け取る
- ③ 一時金として300万円 OR 年15万円×20年 受け取る

この場合、
1780万円まで税額控除されるので、
②も一時金で受け取ることがおトク

年で受け取る、③一時金または年金15万円を20年で受け取るパターンから自分で選んで受け取るというルールの会社です(※)。

この場合の退職所得控除額は、上の式から1780万円になるため、2000万円を**全額一時金で受け取ると控除額を超えた220万円の2分の1の110万円に対し税金が発生します。そのため、②は退職控除の枠いっぱいまで使える一時金形式で受け取り、③は公的年金控除額におさまる額の年金形式で受け取る**のが、おトクな受け取り方になります。

※企業年金にはDB(確定給付年金)、DC(確定拠出年金)などがあり、企業によってルールが異なります。

3-2

退職金を年金で受け取る場合注意!!

公的年金と退職金の年金受け取りが重なると税負担増！

CHECK!

- 年金形式で受け取る場合は、「公的年金等控除」が受けられる
- 年金形式で受け取ると税金が毎年かかる

退職金は一時金で受け取ると税制面でとってもおトクということは理解できたのですが、一度に大金を受け取ると使いすぎが心配だから、年金形式を選びたい人もいる気がします。

そうですね。でも、**すべての会社で退職金の受け取り方法を選べるとは限りません**。受け取り方を選べる場合でも、全額年金形式で受け取れる会社は、ほとんどありません。ここでは、年金形式で受け取った場合の注意点をお伝えします。

注意すべき点があるのですね。

たとえば、勤続年数30年の人が2000万円の退職金を、一時金で1000万円、年金形式で100万円ずつ10年間で受け取るとします。一時金で受け取ると「退職所得」として課税の対象になりますが、退職所得控除を受けられるので、このケースでは税金は0円です。一方、**退職金を年金形式で受け取る場合は、所得の種類が変わり「雑所得」になります。そして、年金を毎年受け取るごとに税金がかかります**。ただし、**年金形式の場合は、受け取っていない退職金を運用していくので、一時金形式より総額が上回る可能性があります**。

一時金で受け取るときのように、控除はないのでしょうか？

■ 退職金を年金形式で受け取る場合の税金は？

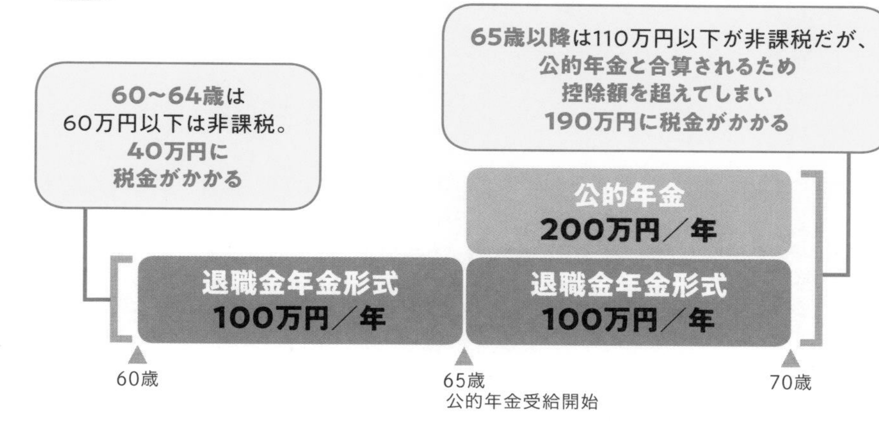

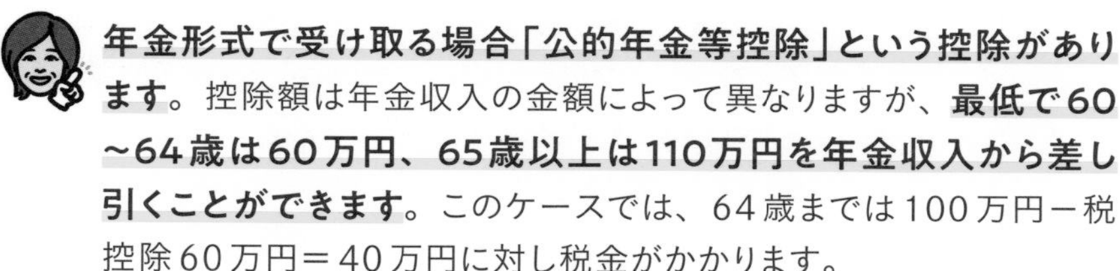

年金形式で受け取る場合「公的年金等控除」という控除があります。 控除額は年金収入の金額によって異なりますが、**最低で60〜64歳は60万円、65歳以上は110万円を年金収入から差し引くことができます。** このケースでは、64歳までは100万円ー税控除60万円＝40万円に対し税金がかかります。

そうすると、65歳以上は110万円まで控除を受けられるから5年間は税金が0円になるということですか？

ここも注意すべきポイントです。年金収入には、もちろん公的年金も含まれますから、**65歳から年金受給が開始すると金額によっては控除額を大きく上回ります。** このケースでは、公的年金が200万円ありますから、控除されても190万円に税金がかかることになります。これを回避するために、**公的年金を70歳まで繰り下げすることで、控除額を上回ることを避けることができ、年金受給開始を遅らせることで、税負担を減らし、公的年金額も増額（P94参照）できます。**

3章 退職金・年金のもらい方は自分仕様で！

3-3

生活費を年金だけに頼ると赤字に!?

年金だけでは月3.3万円の赤字！バイトで稼ごう

CHECK!

- 60歳以上の家計は年間約40万円赤字に
- 「働く・運用する」で資産を増やすことを考えよう

よく、公的年金だけでは老後の生活費は不足すると聞くのですが、具体的な根拠はあるのでしょうか？

そうですね。正社員か否かや現役時代の収入の水準などによって、さまざま違ってきますから、必ず不足するとは言い切れないのですが、一般的なデータで確認していきましょう。

右ページのグラフを見てください。これは、総務省の「家計調査」データで、夫65歳以上、妻60歳以上・無職世帯の家計収支を表したものです。収入は公的年金とその他の収入を合わせて23万7700円。支出は、日常生活費と税金や社会保険料などの非消費支出と合わせて27万900円と、収入を超えていますので、**毎月約3万3200円の赤字です。1年間では約40万円不足することになります。老後を60歳から25年と想定すると、生活費だけで約1000万円不足する**ことになりますね。そして、年金以外に収入がないと考えると、不足するお金は、貯蓄などの資産を取り崩していくこととなります。

生活費だけで、総額1000万円不足してしまうのか……。そう考えると年金だけでは暮らせそうにないかもしれませんね。

■ 年金で暮らしてる人の家計は1カ月約3.3万円不足している！

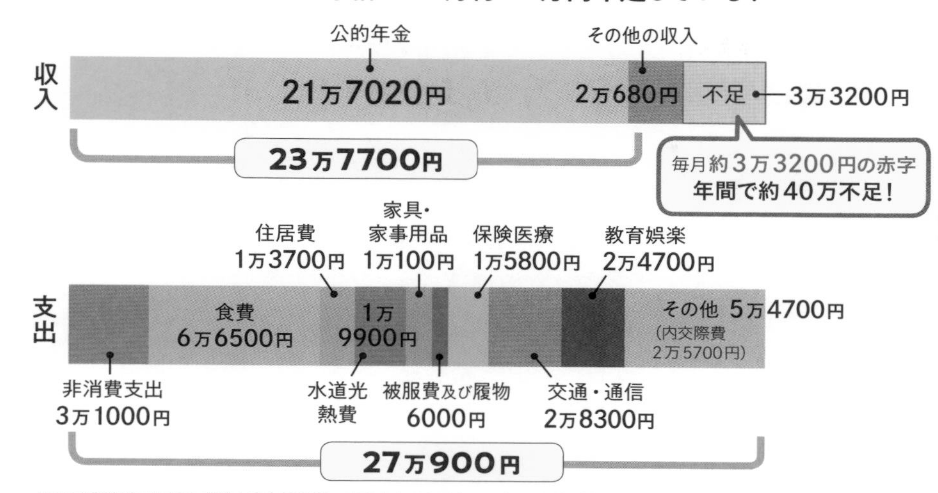

出典：総務省「家計調査 高齢夫婦無職世帯の家計収支 2019年」のデータを基に算出。
各項目の数字は100円未満を四捨五入しているため、合計額と誤差あり

さらに、豊かな老後を送るためには、日々の生活費以外にかかる予算も必要となります。**特に定年後の10年間は、これまで行けなかった旅行、住宅リフォームや家族のイベントなど、意外ともの入りです**。これらの費用も含めると、貯蓄や退職金などがあったとしても、決して油断はできません。

いったいどうしたらよいのでしょうか？

まず考えられる対策としては「**1日でも長く働き続けること**」でしょう。60歳で定年を迎えたとしても、その後長く働いていれば収入が得られ、老後の生活が安定します。

また、働いて収入を得ている間は年金を繰り下げることで、年金額を増やすことも可能です（P94参照）。もう1つの対策としては「**老後資金を運用すること**」があげられます。貯蓄や退職金の一部を投資信託などで運用することで、老後資金を増やすことができます。ただし、**リスクが高すぎる金融商品への投資は禁物**ですよ。詳しくは5章でご説明しますね。

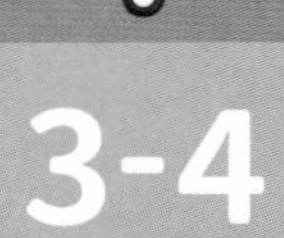

3-4

もらえる年金の種類を知る

働き方でもらえる年金が違うって知ってた？

- 会社員は「老齢基礎年金」と「老齢厚生年金」の2つがもらえる
- 会社が変わっても、会社員なら自分で手続きする必要はない

働き方でもらえる年金が違うというのは本当ですか？

はい。**公的年金は、「老齢基礎年金」と「老齢厚生年金」という2階建て構造になっています。加入者は働き方や立場によって3つの区分（＝被保険者区分）が決められており、その区分によってもらえる年金が違ってきます。**

被保険者区分……。どんな風に分かれていますか？

1つ目は「**第1号被保険者**」。自営業やフリーランスなどが該当し、もらえる年金は老齢基礎年金のみです。2つ目の区分は「**第2号被保険者**」。**会社員や公務員などが該当し、老齢基礎年金に加えて老齢厚生年金がもらえます**。3つ目の区分が「**第3号被保険者**」。第2号被保険者に扶養されている配偶者が該当し、もらえる年金は老齢基礎年金のみとなります。

老齢基礎年金と老齢厚生年金の2つをもらえるのは、会社員などの第2号被保険者だけなんですね。

その通りです。右ページの例1と例2を見てください。

あなたがもらえる公的年金の種類は？

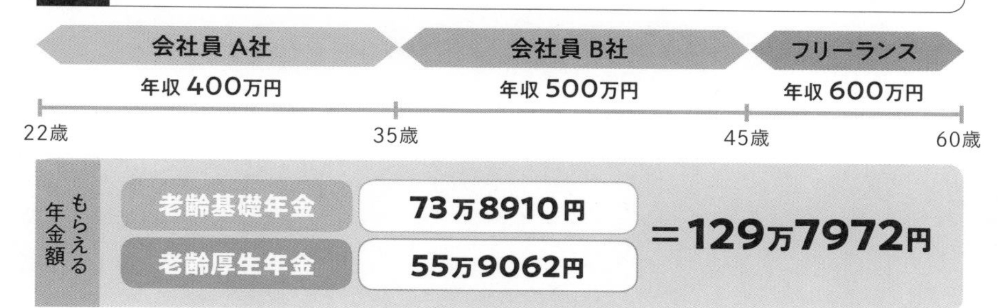

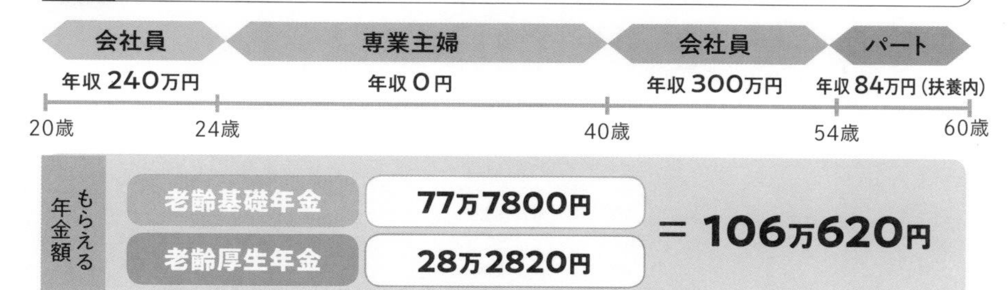

※1円未満四捨五入で試算。2022年度の価格

例１の人は会社員期間が長く、例２の人は専業主婦時代が長いです。その結果、２人の老齢厚生年金の金額には年約28万円もの差があります。そのため、**年金額を増やしたいのであれば、なるべく第２号被保険者である時期を長くすることが得策となります。**

会社が途中でかわった場合、何か手続きは必要ですか？

年金の手続きは、会社員（第２号被保険者）であれば、会社が代わりに手続きをしてくれるので、自分で手続きする必要はありません。会社員から自営業やフリーランスにかわる場合は、第１号被保険者となりますので、自分で手続きすることが必要となり、住所地の市区町村の窓口へ届出が必要になります。

いくらもらえるか知る方法は？

自分の年金額を知るには「ねんきん定期便」を活用する

- ☑ 「何歳から」「もらえる年金の種類」「いくら」もらえるのかを確認しておく
- ☑ 50歳以上は実際にもらえる年金額に近い見込額がわかる

ここでは年金見込額を確認する方法について説明していきますね。「**ねんきん定期便**」ってご存じですか？

ねんきん定期便？　見たことあるような……。

ねんきん定期便は、公的年金の加入者全員に毎年誕生月にハガキまたは、封書で送られてくる書類。50歳になるとフォーマットがそれまでとは変わり、**現時点での納付状況が60歳まで続くと想定して試算された年金受給額の見込額が掲載されるようになります。実際の年金受給額に近い金額を知ることができる**ため、必ず確認するようにしてください。

具体的にはどんなことがわかりますか？

ハガキの表面に「老齢年金の見込額」が載っています。また、裏面の「老齢年金の種類と見込額（年額）」の欄を見れば、現在の条件で**60歳まで働き続けた場合に「何歳から」「どの種類の年金が」「いくら」受け取れるのかを知ることができます**。公的年金は受給資格期間（120カ月以上）を満たしていないと受け取ることができないので、資格期間の確認もしておきましょう。

■ ねんきん定期便はもらえる年金の見込額がわかる（ハガキ・裏面）

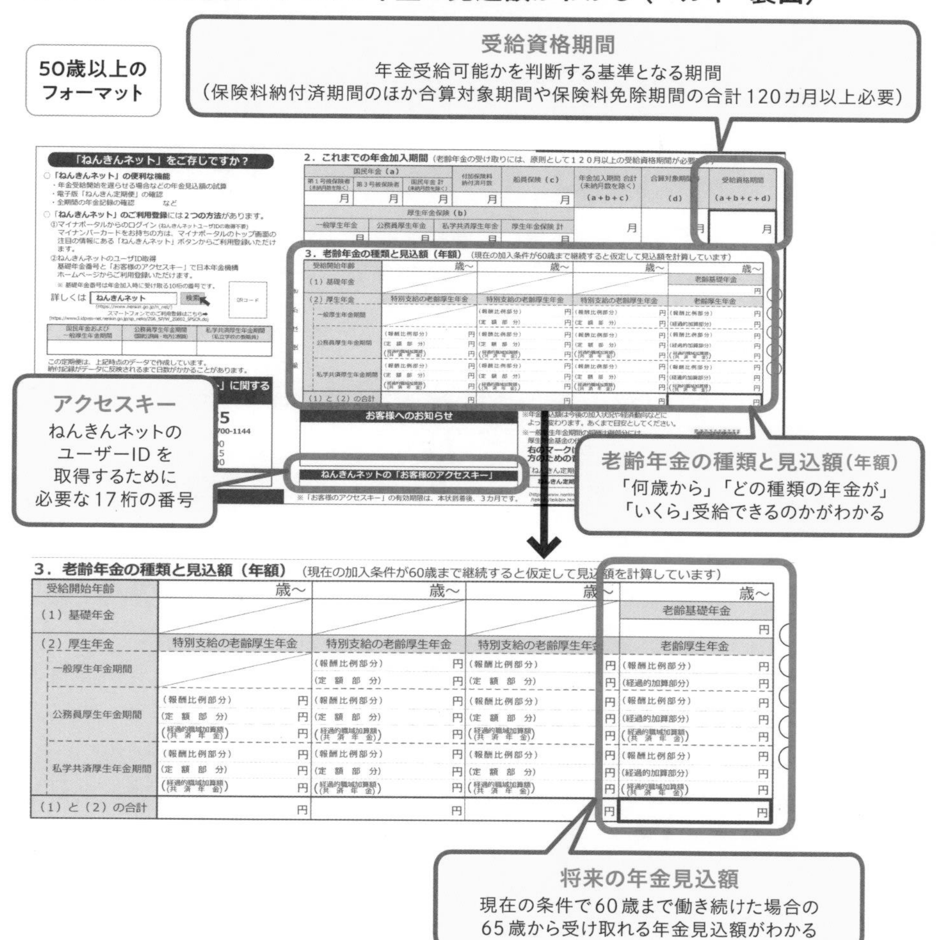

3．老齢年金の種類と見込額（年額）（現在の加入条件が60歳まで継続すると仮定して見込額を計算しています）

受給開始年齢	歳～	歳～	歳～	歳～
（1）基礎年金				老齢基礎年金 円
（2）厚生年金	特別支給の老齢厚生年金	特別支給の老齢厚生年金	特別支給の老齢厚生年金	老齢厚生年金
一般厚生年金期間		（報酬比例部分） 円 （定額部分） 円	（報酬比例部分） 円 （定額部分） 円	（報酬比例部分） 円 （経過的加算部分） 円
公務員厚生年金期間	（報酬比例部分） 円 （定額部分） 円 （経過的職域加算額（共済年金）） 円	（報酬比例部分） 円 （定額部分） 円 （経過的職域加算額（共済年金）） 円	（報酬比例部分） 円 （定額部分） 円 （経過的職域加算額（共済年金）） 円	（報酬比例部分） 円 （経過的加算部分） 円 （経過的職域加算額（共済年金）） 円
私学共済厚生年金期間	（報酬比例部分） 円 （定額部分） 円 （経過的職域加算額（共済年金）） 円	（報酬比例部分） 円 （定額部分） 円 （経過的職域加算額（共済年金）） 円	（報酬比例部分） 円 （定額部分） 円 （経過的職域加算額（共済年金）） 円	（報酬比例部分） 円 （経過的加算部分） 円 （経過的職域加算額（共済年金）） 円
（1）と（2）の合計	円	円	円	円

わかりました。ちなみに、ねんきん定期便以外にも自分の年金情報を知る方法はありますか？

日本年金機構の「ねんきんネット」を活用すれば、**Web上でもねんきん定期便に掲載されている情報を確認できます**。利用するには、Webサイトで利用登録（ユーザーIDを取得）するか、マイナンバーカードを利用して「マイナポータル」と連携する必要があります。詳しくは、https://www.nenkin.go.jp/n_net/ で確認してください。

3-6

60歳から年金を増やす方法

会社員なら60歳過ぎても働くことで年金が増える

- 厚生年金の加入は70歳まで。その分年金が増える
- 65歳過ぎて年金をもらいながら働くと毎年年金額が増える

第2号被保険者は、60歳以降も年金を増やすことができるという話を詳しく説明していきますね。

はい！　すごく詳しく聞きたいです。

第1号被保険者が加入する国民年金の場合、原則60歳までしか加入(※)できませんが、第2号被保険者が加入する厚生年金には、**会社員などで働き続ける限り、70歳になるまで加入することができます**。つまり、**定年後のもうひと頑張り次第で、受け取れる老齢厚生年金を増やすことができるのです**。

具体的にどのくらい年金額が増えるのかを知りたいのですが、わかるものでしょうか？

あくまでも、ざっくりとした金額にはなりますが、**「(定年後の年収÷100万円)×5500円×勤続年数」**という計算式を使うことで、増額する老齢厚生年金の金額を試算することができます。

右ページに5年・10年間働いた場合、年収ベース別に増える金額の早見表を入れました。**5年間働いた場合、年収150万円で年4万1250円、年収200万円で年5万5000円、年金が増えます。**

※第1号被保険者の場合、20歳以上60歳未満までの保険料納付月数480カ月(40年)未満の場合、60歳以降も「任意加入」できる

■ 60歳以降も厚生年金に加入して働くと年金が増える

〈年収×勤務年数別の年金増額早見表〉

年収	勤務年数	
	5年間	10年間
150万円	年4万1250円	年8万2500円
200万円	年5万5000円	年11万円
250万円	年6万8750円	年13万7500円
300万円	年8万2500円	年16万5000円
350万円	年9万6250円	年19万2500円

200万円で5年間働いて、年額5万5000円か……。そこまで大きく増えるということではないんですね。

そうですね。大した金額ではないと感じる人もいるかもしれませんが、この金額は、一生涯増額して受け取ることができます。たとえば、**65歳から85歳まで、20年間受け取ることができれば、総額約110万円年金が増える**ということです。

110万円！　そう考えると大きい金額でした。

また、2022年4月から「在職定時改定」という仕組みが新たに導入され、65歳以上で厚生年金をもらいながら働いている人の年金額が毎年10月に改定されるようになりました。

毎年年金が増える？　いったいどういうことですか？

65歳以降に払った年金保険料が毎年年金額に反映され、少しずつですが、毎年年金が増えていくというもの。**具体的には、65歳以降の9月〜翌年8月に支払った年金保険料が10月分の年金に反映。2カ月後の12月に支払われる年金が増える**仕組みです。

3-7

夫婦の合計額が大事になる

年金はいつの時点で、いくらもらえるかをチェックする

- 世帯で年金額を把握するといつまで働けばいいかも見えてくる
- 年下の配偶者がいるともらえる年金「加給年金」

夫婦の場合、老後の資金計画を考える場合、自分の年金額だけではなく、世帯単位の年金額を確認しておくことも大切なポイントになります。

どうしてですか？　別にばらばらに把握していても大丈夫なような。

それぞれの働き方の違いや年齢に違いがある場合などで、年金を受け取るタイミングや、もらえる年金の種類に違いが発生するからです。それらを、あらかじめ整理しておくことで、世帯の年金額を把握することができるので、家計に不足があれば、働く期間を延ばすなど対策を打つことができます。

そうですね。年の差があると同じタイミングで年金受給が始まるわけではないですもんね。世帯単位の年金を把握するよい方法はありますか？

それぞれの年齢と年金額を図に書き出すこと。夫婦でもらえる年金は年齢によって変化することがあるので、**図で視覚化することによって、いつの時点でどの年金をもらえるのかが、わかりやすくなりますよ**。

■ 夫婦の場合は世帯でもらえる年金を把握しよう

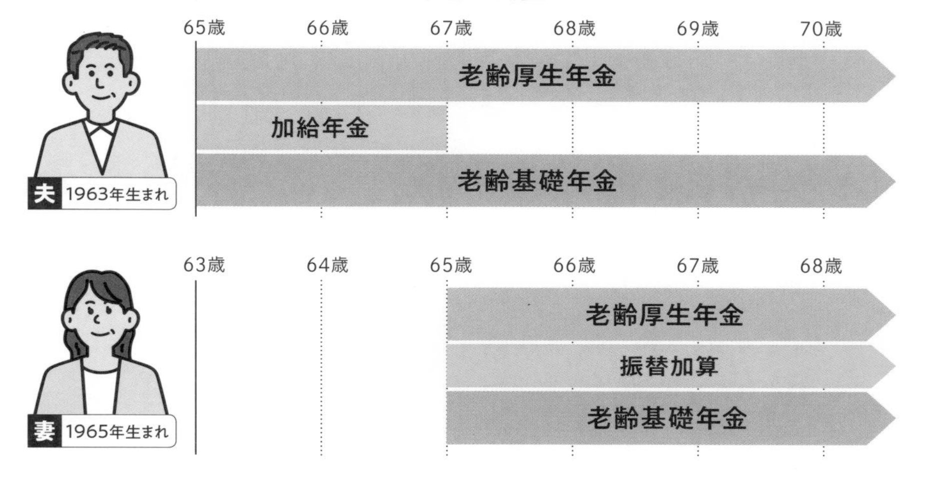

たとえば、上の図の例では、夫65歳、妻63歳の時点では、夫は「老齢厚生年金」「老齢基礎年金」「加給年金」の3つの年金が受け取れます。２年後の夫67歳、妻65歳の時点では、夫は「老齢厚生年金」「老齢基礎年金」のみになり、妻は年金受給が始まるので「老齢厚生年金」「振替加算」「老齢基礎年金」の３つを受け取ることになります。

種類が変わっていくのが一目でわかります。ところで、**「加給年金」「振替加算」って何ですか？** 突然登場してわからないのですが。

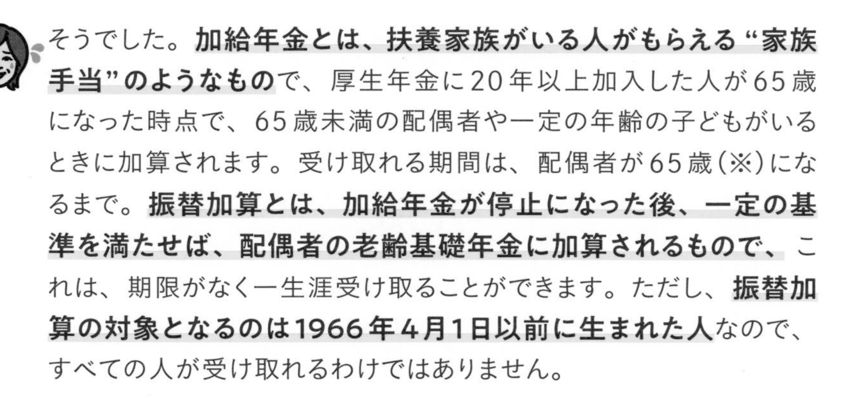

そうでした。**加給年金とは、扶養家族がいる人がもらえる“家族手当”のようなもの**で、厚生年金に20年以上加入した人が65歳になった時点で、65歳未満の配偶者や一定の年齢の子どもがいるときに加算されます。受け取れる期間は、配偶者が65歳（※）になるまで。**振替加算とは、加給年金が停止になった後、一定の基準を満たせば、配偶者の老齢基礎年金に加算されるもので、**これは、期限がなく一生涯受け取ることができます。ただし、**振替加算の対象となるのは1966年4月1日以前に生まれた人**なので、すべての人が受け取れるわけではありません。

※子どもの場合は、18歳到達年度の末日（1級または2級の障がいのある場合は20歳未満）まで

3-8

年金の手取り額を把握する

年金生活になっても社会保険や税金は引かれる

CHECK!

- ☑ 年金の場合も税金や社会保険料が引かれる
- ☑ 配偶者がいる場合は控除額が増えて税金が少なくなる場合もある

ねんきん定期便の見込額はすべて受け取れますか？

いいえ。P74でお伝えした通り、**年金からも、税金や社会保険料が引かれます**。ねんきん定期便の見込額は、引かれる前の金額なので、見込額と実際に受け取る金額は違います。

引かれることはきちんと理解しておくべきですね。

右ページの表は、65歳の夫婦世帯とシングルの人の税金と社会保険料がいくらになるのかを表しています。夫婦の場合は、世帯での収入を確認していく必要があります。年金支給額に対する手取り額の割合を手取り率と定義しています。

どちらの場合でも手取り率は９割近くになるんですね。

そうですね。**ねんきん定期便の数字と実際の手取り額には乖離があるので、資金計画を立てる場合は気をつけるように**してください。

気をつけます！　ちなみに、**夫婦世帯はどうして住民税・所得税が0円**なんですか？

年金から引かれるお金を理解しよう

65歳夫婦の場合 夫	65歳夫婦の場合 妻		シングルの場合
175万2000円	**93万3300円**	年金額（年）	**175万2000円**
0円	0円	所得税	1900円
0円	0円	住民税	4000円
7万6256円	**0円**	健康保険料	4万8607円
4万9920円	2万6880円	介護保険料	8万4480円
253万2244円		手取り額（世帯合計）	**161万3013円**
94.3%		手取り率（世帯合計）	**92.1%**

※健康保険料・介護保険料は東京都新宿区で算出。復興特別所得税を含まない

年金受給の課税所得は、**年金から公的年金等控除110万円と基礎控除48万円が控除**されます。さらに**扶養する配偶者がいると、配偶者控除で38万円控除されるので196万円まで非課税**になります。そのため、この例の夫は税金が0円。妻は、**年金額が93万3000円で、公的年金控除の110万円以下のため税金がかかりません。**

ところで、夫婦世帯の場合、妻は健康保険が0円なのに、介護保険を支払っているのはどうしてですか？　扶養に入っているなら夫が払うのではないのですか？

64歳未満の場合、扶養する配偶者がいると2人分の健康保険料・介護保険料を夫が負担するのですが、**介護保険料は65歳からは、全員が自分で支払うことになる**ので、妻も自身の年金から介護保険料を支払います。**介護保険料は、課税状況や収入によって異なります。**この例では、配偶者のいる人とシングルの人の年金額は同じですが、シングルの人は課税世帯となるため高くなります。

支払う税金が高いとその分、社会保険料の負担が大きくなるんですね。

3-9

在職老齢年金とは?

年金をもらいながら働くと年金が削られる場合がある

CHECK!

- ☑ 年金と給与の合計が47万円を超えると年金が削られる
- ☑ 老齢厚生年金を繰り下げれば削られなくなる

年金をもらいながら働くと、年金が削られてしまう可能性があるという話を聞いたのですが、本当ですか?

本当です。老齢厚生年金を受け取りながら、厚生年金に加入して働き続けた場合、毎月の年金額と賃金(総報酬月額相当額)の合計額が47万円を超えると、**年金額が一部減額または、支給停止になります。この仕組みを「在職老齢年金」**といいます。

それはショック……。どのくらい削られるんですか?

削られる金額は、「{(年金月額+総報酬月額相当額)−47万円}÷2」という計算式で求めることができます。たとえば、年金月額が15万円で、総報酬月額相当額が40万円だった場合、毎月4万円削られ、年額で48万円年金が少なくなります。また、減額される金額が年金月額を超えてしまった場合には、年金が全額停止になります。

年額48万円……。ずいぶん削られますね。そうすると、**年金を受け取りながら働かないほうがよいってことですか?**

いえ、必ずしもそうとは言い切れません。**働く期間が長くなれば、それだけ年金額も増えていきます。**在職老齢年金で年金が減額さ

在職老齢年金の仕組みは？

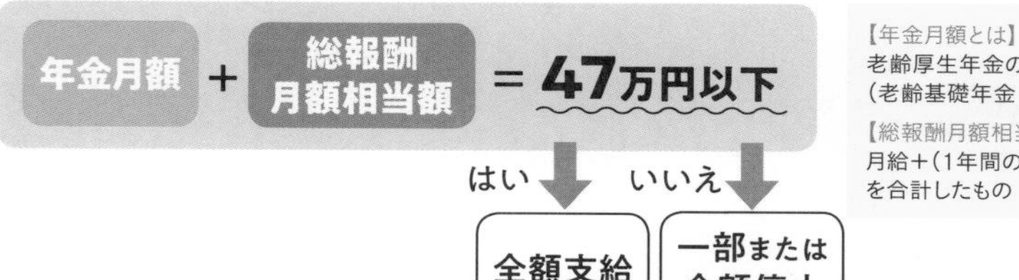

【年金月額とは】
老齢厚生年金の月額
（老齢基礎年金・加給年金は除く）
【総報酬月額相当額とは】
月給＋（1年間のボーナスの合計÷12）
を合計したもの

年金はどのくらい削られる？

{（年金月額 ＋ 総報酬月額相当額）－ 47万円} ÷ 2

例　老齢厚生年金月額15万円の人が総報酬月額相当額40万円で働いた場合

{（年金月額 15万円 ＋ 総報酬月額相当額 40万円）－47万円}÷2＝年金月額から4万円削られる

れることを気にしすぎるよりも、**長く働いて年金を増やすことのほうが長い目で見ればメリットが大きくなることもあるからです**。また、在職老齢年金によって年金が削られたくないという場合には、老齢厚生年金を繰り下げるという手もあります。

老齢厚生年金を繰り下げればいいんですか？

年金を65歳よりも後に受け取り始めることを「繰り下げ受給」といいます（P94参照）。年金を繰り下げると年金額は増額するため、いっそ働いている間は年金をもらわずに繰り下げて、年金額を増やしたほうがよいという考え方もあるわけです。
ただし、**繰り下げをして、年金を受け取らなかったとしても、在職老齢年金で削られることになる金額部分については、増額の対象外になります**。たとえば、老齢厚生年金の額が15万円で削られる年金額が4万円の場合、繰り下げで増額されるのは、11万円に充たる部分になります。

年金の受給開始は自分で決める

年金受給を遅らせると年金が増える「年金の繰り下げ制度」

- ☑ 1カ月単位で0.7%ずつ年金が増えていく
- ☑ 最大75歳まで繰り下げると年額が84%増加する

前のページに出てきた「年金の繰り下げ」について詳しくご説明しますね。

よく年金は繰り下げたほうがよいと聞くので気になります。

公的年金の受給開始は原則65歳。ですが希望すれば受け取り開始年齢を遅らせることができます。**これを「繰り下げ受給」と呼び、年金額が増額される仕組みとなっています。**

年金をもらう時期を遅らすことで、将来の年金額を増やすことができるということですね。何歳まで繰り下げることができるのですか？

最大120カ月、つまり75歳まで繰り下げることが可能です。**繰り下げの増額率は1カ月あたり+0.7%で、75歳まで繰り下げた場合は、年金額が84%増額します**。たとえば、老齢基礎年金額の満額である77万7800円(※)を75歳まで繰り下げると、本来の受給額と比べて、**年間で約65万円も受給額がアップ**します。

年に65万円も……。それは大きい。

定年後もできる限り働いて、年金に頼らないように生活していきた

※2022年度の金額

■ 年金受給を遅らせるとどのくらい年金が増える？

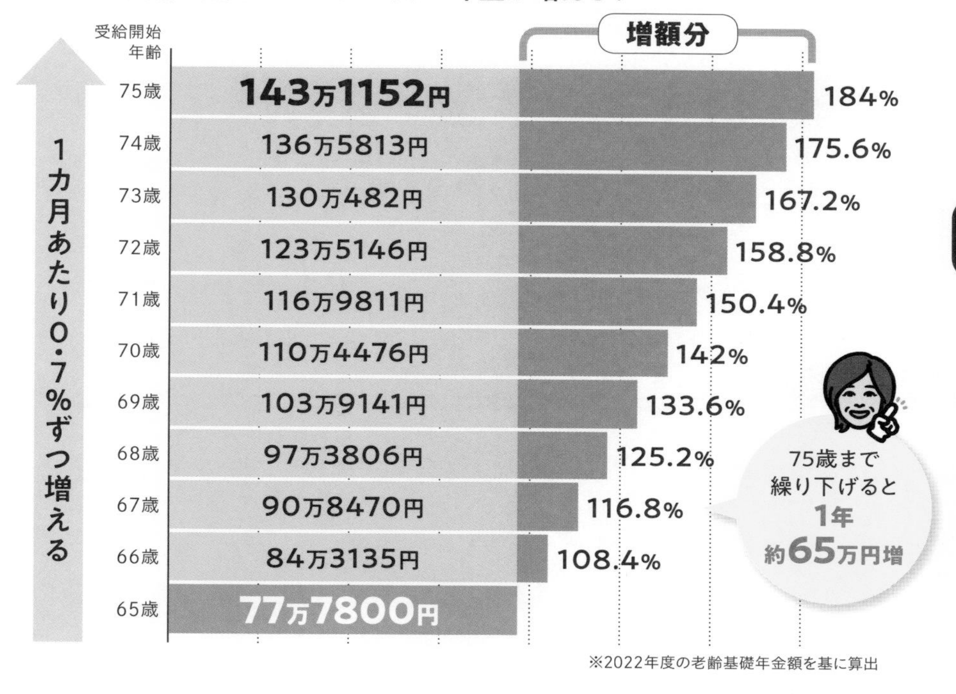

※2022年度の老齢基礎年金額を基に算出

いと考えるなら、年金受給は遅らせて、働けなくなったら増えた年金を受け取って生活費を賄うという方法もありますね。でも1つだけ覚えておいてほしいことがあります。

どんなことですか？

繰り下げをすると、毎月の年金受給額は増えますが、**受給開始が遅くなる分、長生きしないと年金の受給総額は少なくなる可能性もあるということ**。たとえば、75歳まで繰り下げた場合、65歳時に年金を受け取った場合と比べて受給総額が上回るのは約87歳です。つまり、**受給総額で考えた場合、87歳を過ぎないと、繰り下げたほうが損**になるということです。

なるほど、受給総額でのソントクが気になるなら、何歳まで生きられそうか？　ということも考えたほうがいいんですね。悩ましい……。

年金の繰り下げ戦略を立てよう！

老齢基礎年金・老齢厚生年金を別々に繰り下げることもできる

- ☑ 老齢厚生年金だけ、老齢基礎年金だけを繰り下げ可能
- ☑ 夫婦単位なら繰り下げ方がさらに広がる

年金の繰り下げは魅力的ですが、その間の生活費が確保できるか心配ですよね。

そういう場合、老齢基礎年金と老齢厚生年金のどちらか一方だけを繰り下げることもできるんですよ。自分の資産状況やライフプランなどに照らし合わせながら、片方だけ繰り下げることを選択してもいいわけです。

たとえば、どのような活用法が考えられますか？

繰り下げ制度は活用したいけれど、65歳以降の生活費に不安があるという場合には、右ページ上のケース1のように、老齢厚生年金は65歳から受給し、老齢基礎年金のみ70歳まで繰り下げるという方法が考えられます。65歳以降の生活費は老齢厚生年金と給料でカバーしつつ、老齢基礎年金を繰り下げることで年金額を年間約31万円アップさせることができますね。

なるほど。バランスのよい活用法ですね。

一方で、退職金や貯蓄などがあるから、生活費には困らないという場合には、ケース2のように、老齢基礎年金と老齢厚生年金の両

年金の繰り下げパターンをチェック

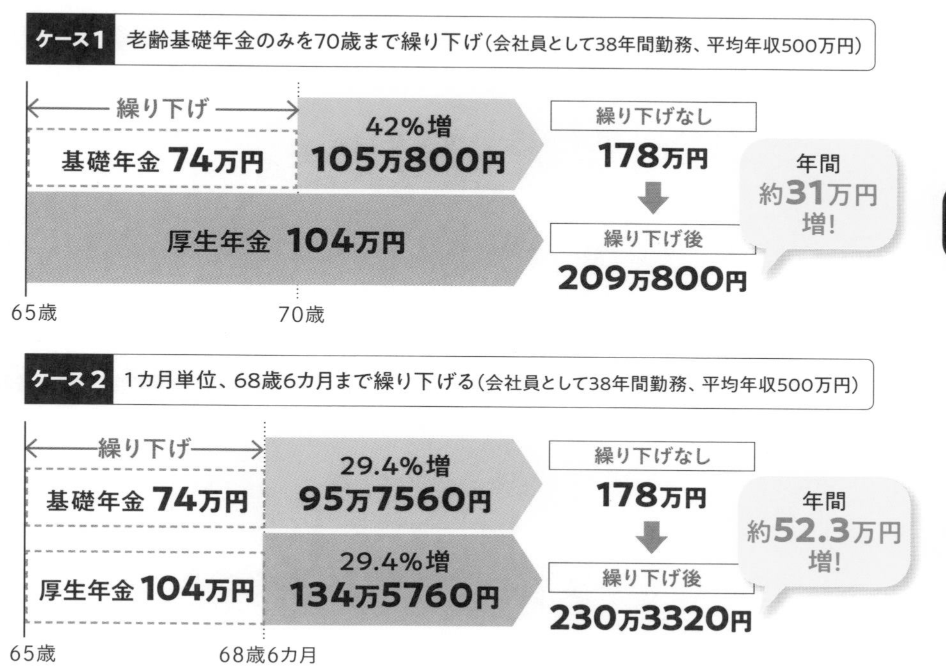

方を繰り下げるのもよいでしょう。両方を68歳６カ月まで繰り下げたことで、**ケース１よりも年金の増額幅が大きくなり、年間約52.3万円アップとなります**。

繰り下げは70歳、75歳などキリのよい年齢でなく、68歳６カ月などで選択してもいいわけですね。それは利用しやすいですね。

夫婦の場合にはさらに選択肢が豊富になります。夫は65歳から年金を受給して生活費を確保する一方で、妻は老齢基礎年金と老齢厚生年金の両方を75歳まで繰り下げるなどです。女性のほうが長生きですから増えた年金額を将来の介護施設代などに充てることもできます。ただし、**「加給年金」と「振替加算」は、繰り下げを選択すると、その期間は受け取れなくなる（※）点には注意**が必要です。

※夫の老齢基礎年金と妻の老齢厚生年金は繰り下げしても影響しない

3-12

年金のもらい方はどうすればいい？

年金は申請しないと一生受け取りが始まらない

- 年金受給を開始するには、自分から請求書の提出が必要
- 「繰下げ申出書」の提出時点で増額率が決定する
- もらっていない年金をさかのぼって一括で受け取ることもできる

ところで、年金を受け取るには申請が必要なのでしょうか？

いい質問です。意外と勘違いしている人が多いのですが、**年金は申請しないといつまで経っても受給が始まりません。受給開始年齢になる誕生日の３カ月前から「日本年金機構」より請求書が送られてくるので、その用紙に必要事項を記入し、必要書類と共に提出することで、受給が始まります**。

繰り下げる場合もそのタイミングで申請が必要ですか？

いいえ。繰り下げの場合は、受け取りたい時期が来たら、「繰下げ申出書」という書類を提出すればOKです。手続きを行った時点で繰り下げ率が決定されます。ただし、「老齢基礎年金」「老齢厚生年金」のどちらか１つのみを繰り下げる場合は、65歳に申請する書類に繰り下げる年金の種類を報告します。

つまり事前に**「70歳まで繰り下げします！」と申請する必要がない**ってことですね。

その通りです。繰り下げは１カ月単位でできますから、働き方の状況などに合わせて判断するといいと思います。老後は１年ずつ気力

繰り下げするタイミングで申請すればOK

様式第103-1号

老齢基礎年金・老齢厚生年金　支給繰下げ申出書

〔平成19年4月1日以後に老齢厚生年金の受給権を有した方が老齢基礎年金または老齢厚生年金の繰下げを希望するときの申出書〕

※基礎年金番号（10桁）で届出する場合は左詰めでご記入ください。

課所符号	進達番号

① 個人番号(または基礎年金番号)	
② 氏　名	(フリガナ) (氏)　(名)
③ 生年月日	大正 ・ 昭和　年　月　日
④ 住　所	TEL(　)—(　)—(　)
⑤ 繰下げを希望する年金に○印をご記入ください	1．老齢基礎年金の繰下げを申し出します。 2．老齢厚生年金の繰下げを申し出します。

繰り下げする場合は、65歳の受給開始年齢に到達しても申請書を提出しなければ、繰り下げ待機中となります。受給開始したいタイミングで「支給繰下げ申出書」を提出することで、年金額が増額されます。

や体の状況も変わっていきますので、そのときの状況に合わせて辛くなったらやめるという緩やかな気持ちで繰り下げしてください。**繰り下げして年金が増えると、社会保険料（健康保険・介護保険）の支払額も増えるということも注意が必要**です。

年金が増えるとその分引かれるものも増えていくんですね。

また、繰り下げしていても5年以内であれば、受け取っていない分をさかのぼって一括で受け取る方法もあります。

年齢を重ねると大きな病気にかかる可能性が高くなりそうだし、まとめて受け取れるのは助かりそう……。

そうですね。ただし、**一括で受け取る場合は、繰下げによる増額はありません。その後受け取る年金も本来の受給額**になります。
2023年4月からは、制度改正で**70～80歳の誕生日前々日までに一括受給を請求すると、5年前に請求があったものとみなし、増額された年金を一括受給**できます。その後の年金も**5年前時点で繰り下げ請求したとして、増額された年金を受け取れます。**

column

スマホやWebで年金の見込額がわかる!

P84でご紹介した「ねんきん定期便」の他に、Web上でも自分の年金見込額を知ることができます。その方法は2つあり、1つ目は、厚生労働省が2022年4月25日から試験運用を始めた「公的年金シミュレーター」で、「ねんきん定期便」に記載されているQRコードをスマートフォンで読み取り、生年月日を入力するだけで、年金見込額を確認できます。働き方の種類や期間、年収などを入力して試算することも可能です。個人情報は記録されず、画面を閉じるとデータは自動削除される仕組みで、セキュリティ面も安心。ただし、あくまで簡易的に試算するためのツールのため、条件によって試算が正しく表示されない場合もあります。2つ目は、日本年金機構が提供する「ねんきんネット」。利用するには、Webサイトで利用登録(ユーザーIDの取得)などが必要になりますが、現在の加入条件が60歳まで継続すると仮定して見込額を試算する「かんたん試算」と今後の職業、収入および期間、受給開始年齢などさまざまな条件を入力して試算する「詳細な条件で試算」と2種類の試算ができます。また、公的年金シミュレーターより正確な見込額を知ることができます。

■ 公的年金シミュレーターの使い方

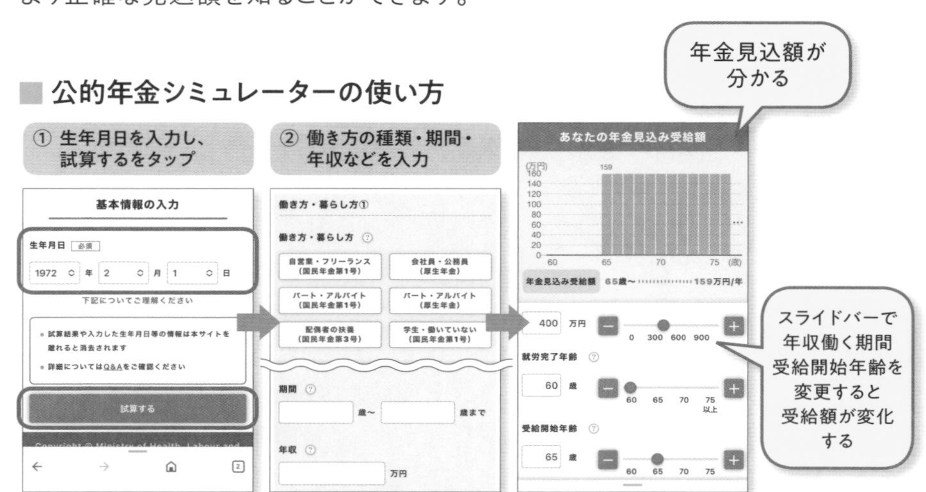

4章

お金の使い道を分けておく

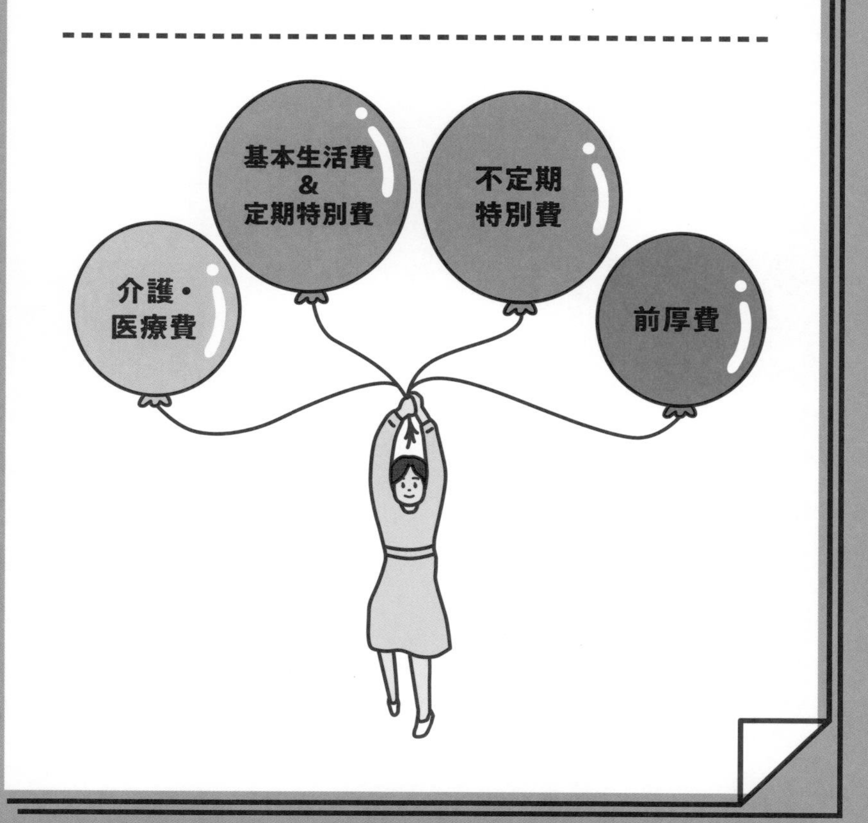

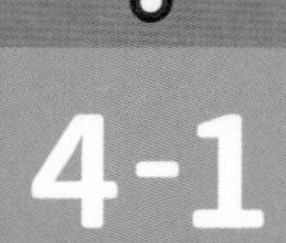

わからないでは済まされない!

老後のお金管理の第一歩 定年後に使える資産を把握

- ☑ 貯蓄に投資、自宅の価値、負債も含めて「見える化」する
- ☑ 現時点で老後のお金がどのくらい確保できているかの把握をしておく
- ☑ 退職金がある人は退職金を含めた資産も確認

老後に使えるお金を把握するために、まずは現時点で保有している金融資産の総額を確認しましょう。**正確な金融資産を洗い出すためには、プラスの資産とマイナスの資産の両方を確認する必要**があります。

マイナスの資産。つまり、借金ということでしょうか?

そうです。負債は、いずれ返済しなくてはならないお金なので、今持っている資産から差し引く必要があります。**現在の資産を確認するには、「バランスシート」と呼ばれる表に書き出す**ことで、把握することができます(右ページ参照)。

バランスシートですか。はじめて聞きました。

資産となるのは、預貯金や株式、投資信託などの金融商品。貯蓄型の生命保険も対象になります。持ち家の人は、自宅を売却した場合の金額も現物資産として計上します。

家も資産に入るのか〜。

負債は、住宅ローン、教育ローン、自動車ローンなど、現時点でのローン残高があれば記載するようにしましょう。

■ 現役時代の今の資産を「見える化」

資産	
貯蓄	
現金・預貯金	80万円
定期預金	100万円
財形貯蓄	200万円
その他（外貨預金など）	80万円
投資	
株式（個別株）	0円
投資信託	250万円
外貨建て商品	0円
生命保険（貯蓄型）	
円建て保険	100万円
外貨建て保険	0円
現物資産	
不動産　自宅	2500万円
不動産　その他	0円
その他（金地金、自動車など）	0円
Ⓐ 資産合計	3310万円

（自宅を抜くと810万円）

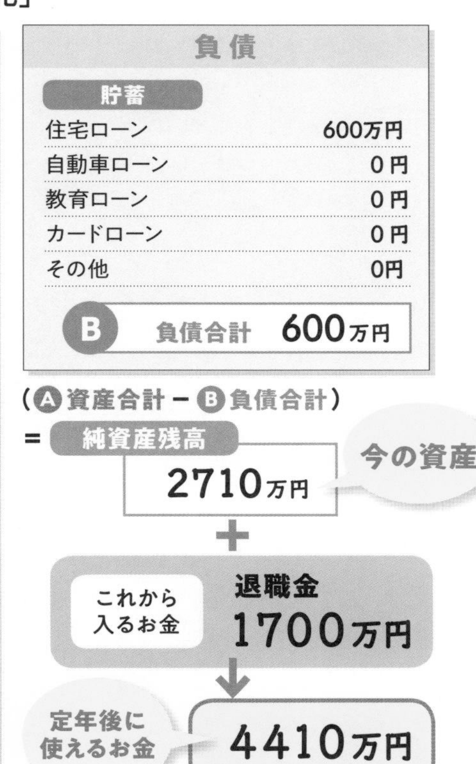
負債

貯蓄	
住宅ローン	600万円
自動車ローン	0円
教育ローン	0円
カードローン	0円
その他	0円
Ⓑ 負債合計	600万円

バランスシートに現時点の資産と負債を書き込んだら、資産合計額から負債合計額を差し引きます。その金額を「純資産残高」といい、この金額が現時点での自分の正味の資産となります。

持っている資産だけでなく、負債も合わせて確認することが重要なんですね。

そうです。**この純資産残高が大きければ、それだけ現時点での老後資金が確保できていることになります。**退職金がある場合は、定年後に使えるお金としてプラスしておきます。**老後に使えるお金を把握しておくことは、老後の資金計画を立てるうえで重要事項**となります。

4-2

定年後のお金の使い方

使い道に合わせて お金の保管場所を分けておく

- すべてのお金を1つの口座に入れるのは厳禁!
- 使い道を明確にしてお金に色をつける

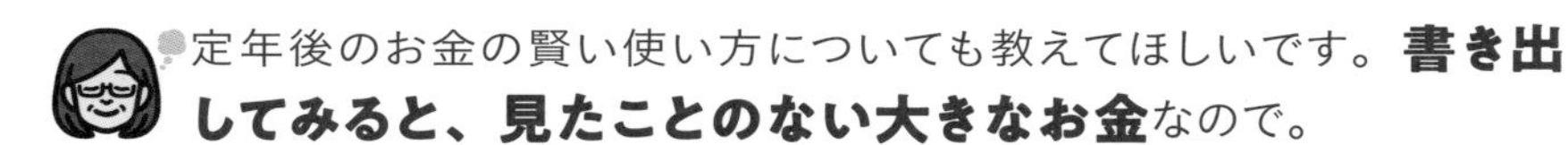

定年後のお金の賢い使い方についても教えてほしいです。**書き出してみると、見たことのない大きなお金**なので。

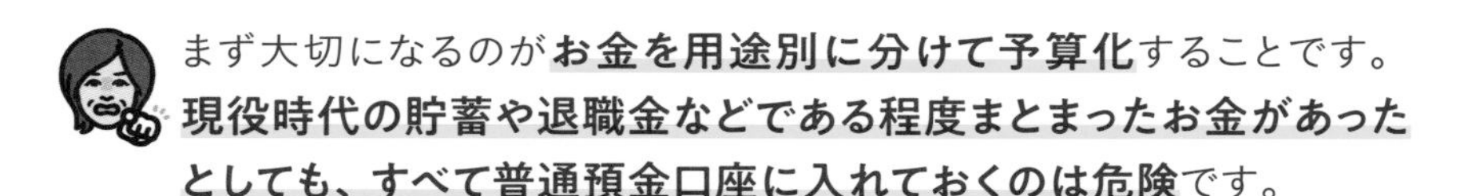

まず大切になるのが**お金を用途別に分けて予算化**することです。**現役時代の貯蓄や退職金などである程度まとまったお金があったとしても、すべて普通預金口座に入れておくのは危険**です。

えっ! なぜですか?

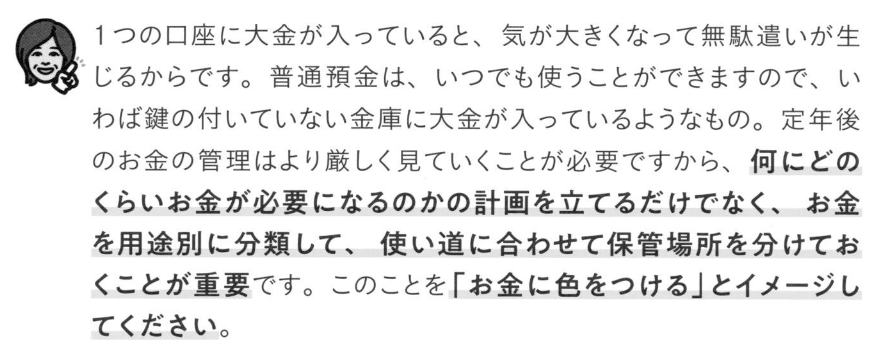

1つの口座に大金が入っていると、気が大きくなって無駄遣いが生じるからです。普通預金は、いつでも使うことができますので、いわば鍵の付いていない金庫に大金が入っているようなもの。定年後のお金の管理はより厳しく見ていくことが必要ですから、**何にどのくらいお金が必要になるのかの計画を立てるだけでなく、お金を用途別に分類して、使い道に合わせて保管場所を分けておくことが重要**です。このことを**「お金に色をつける」とイメージしてください**。

お金に色をつける……。たしかに、いつでも引き出せる口座に大金が入っていると、無駄遣いしちゃいそうです。自分がやりたいことができなくなるのも絶対に嫌だし。

■ 定年後のお金は目的別に分ける

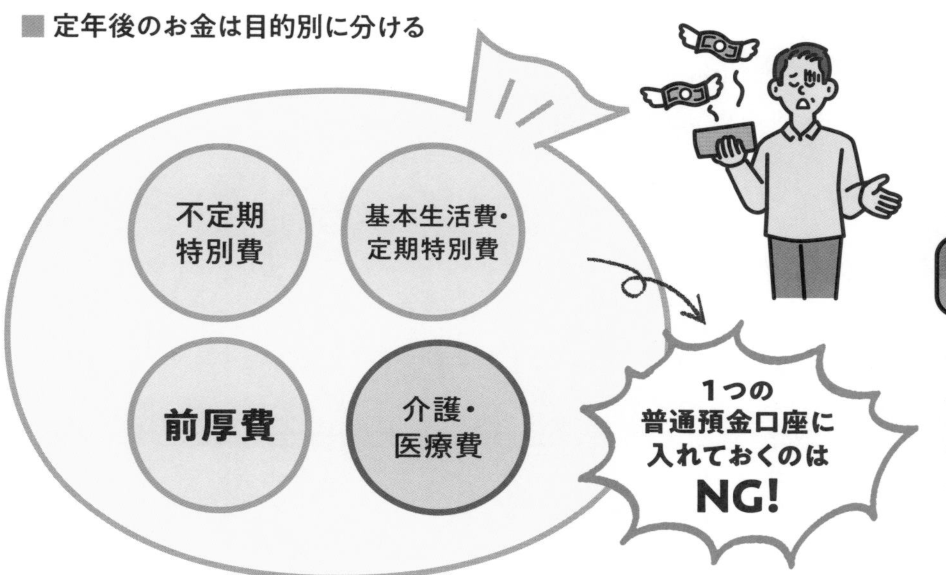

そのためにも**無駄遣いしない仕組みを作って予防策をとるようにしましょう**。

なるほど。具体的にはどうやって考えていけばよいですか？

お金を目的別に分ける目安として、日々生活していくうえで必ずかかるお金の「基本生活費・定期特別費」、数年に1度などにかかる「不定期特別費」、自分が楽しむためのお金「前厚費」と3つに分け、「介護・医療費」の万一にかかるお金を別にして、計4つに分けるとよいでしょう。

わかりました。しっかり計画するようにします。

そして、この目的別に分類したお金は、**使うタイミングに合わせてお金の預け先を変えることでも、資産を効率よく使うことができます**。その方法は、次のページから順を追ってご説明していきますね。

4-3

お金を適切な場所に保管する

定年後のお金は使うタイミングで預け先を変える

- 短期・中期・長期と使うタイミングで選ぶ金融商品を変える
- 安全性・流動性・収益性の3つの性格を理解して金融商品を選ぼう

定年後のお金の預け先について詳しくご説明していきます。まずは、目的別に分けたお金が、いつ頃必要になるのかを考えます。**目安としては、「短期資金」「中期資金」「長期資金」の3つのタイミングが考えられます。**

わかりました。3つのタイミングですね。

右ページに分類しました。**短期資金は、1年以内に使うお金**。これは、基本生活費や定期特別費など毎年必ず必要になるものです。**中期資金は、2~5年以内に使うお金で、不定期特別費や前厚費が対象です。長期資金は、2つに分類します**。1つ目は、医療費や75歳以上に必要となる介護費などで、**当面の間は必要になる可能性は低いけど、絶対に確保しなくてはいけないお金**。2つ目は、70代の前厚費や、老後の後半に日常生活費が不足してしまった場合などに補てんするためのお金で、**積極的に増やしていきたいと考えるお金**です。

分類した図を見ると、「流動性重視」「安全性重視」「収益性重視」となっていますが、これはどういうことですか?

金融資産には、「流動性」「安全性」「収益性」という3つの性

■ 定年後のお金の分け方

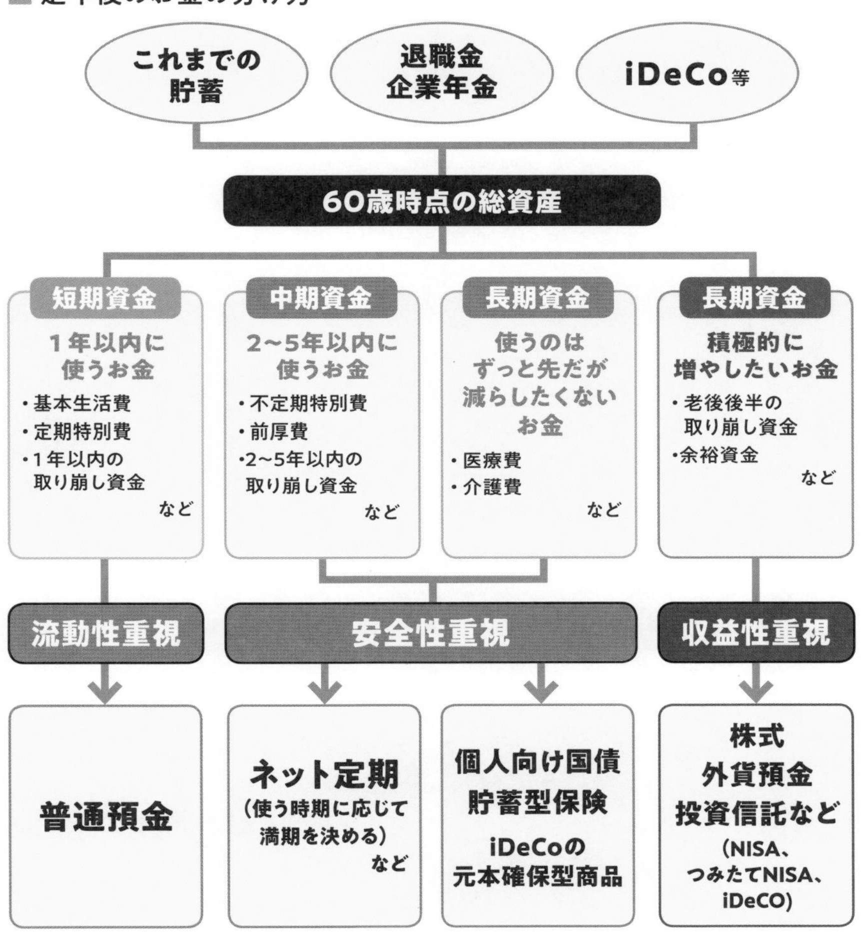

格があり、この性格を理解し、どの性格を重視するかで、選ぶべき金融商品が変わるからです。

3つの性格ですか……。

「流動性」は、必要なときにすぐに換金できること。「安全性」は、元本保証があり目減りするリスクがないこと。「収益性」は、運用によって高い利益が期待できるという性格を表しています。

これらの要素をすべて兼ね備えた金融商品は存在しないのでしょうか？

残念ながら、世の中の金利水準が低いときには存在しません。たとえば、普通預金は「流動性」と「安全性」に優れていますが、「収益性」についてはあまり期待できませんよね？

たしかに、**普通預金にお金を預けていても超低金利**だから、お金はほとんど増えませんね。

一方で、株式や投資信託は「収益性」が期待できますが、「安全性」は普通預金に比べて劣ります。このように、金融商品にはそれぞれ優れている要素とそうでない要素があります。**お金の預け先を選ぶ際には、どの要素を重視するべきかを考えることで、活用すべき金融商品が見えてくるわけです。**

■ 金融商品には3つの性格がある

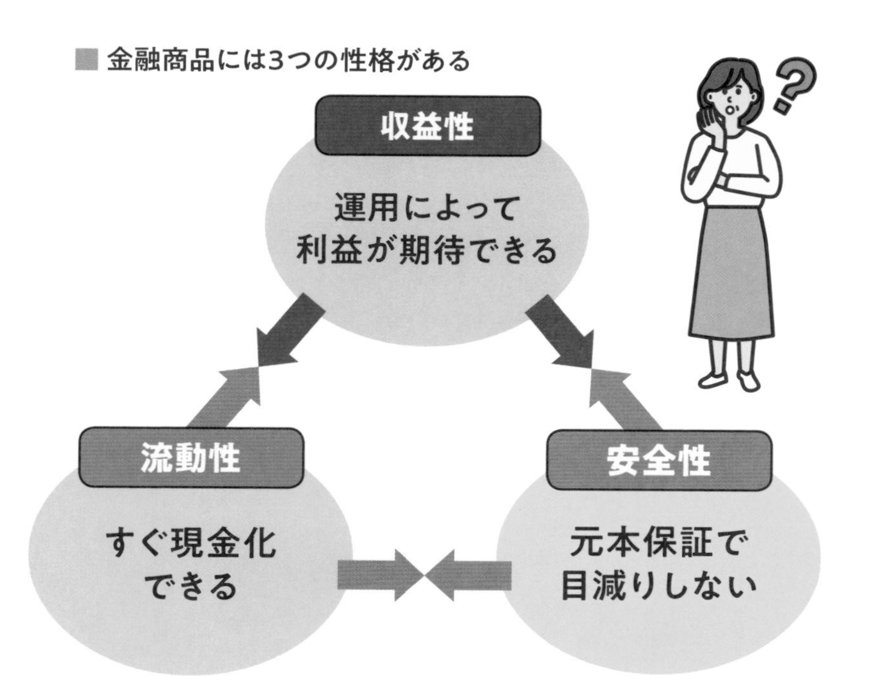

それでは、使うタイミングに合わせて、どんな金融商品を使えばいいかを見ていきましょう。まずは、1年以内に必要となる**基本生活費や定期特別費などは、流動性の高い「普通預金」**に預けていつでも使えるようにします。

日常生活に使うお金だから、すぐに使えることが重要ですね。

翌年以降に使う基本生活費や特別費、前厚費といった2～5年以内に使う予定のお金は、ネット定期がおススメ。満期は6カ月と短いものから、1年、3年、5年と数年先も選べるので、使う時期に合わせた満期で設定します。普通預金より金利がやや高めですし、満期が来ないと原則引き出せないので、使いすぎ防止になります。

必要なときが来るまでカギをかけておくイメージですね。

そうです。長期資金は、2つに分けて考えます。**1つ目の、医療費や介護費は、当面必要はなさそうだけど、絶対に確保しておくべきお金なので、安全性を重視して、個人向け国債やiDeCoでも元本保証型の商品を利用するように**しましょう。

いざというときに、お金がなかった！　では済まされないお金は安全性重視ですね。

長期資金の**2つ目は、75歳以上で使う予定のお金や余裕資金**。これらは、**長期運用をすることを前提として、株式や投資信託といった収益性重視の商品で運用し、増やすことを目指すように**しましょう。
ただし、**年齢を重ねていくほど、引き受けられるリスクは少なくなっていくので、値動きが激しすぎる金融商品は、避けた方が無難**です。

4-4

普段の暮らしで不足するお金はどうする？

年金だけで「基本生活費」を賄えない!?

- 定年後は基本生活費の赤字分は貯蓄を取り崩すことになる
- 基本生活費と定期特別費の他にプラスするお金を確保すると安心

前厚の費用を確保するためにも、生活をしていくためのお金をどのくらい、どんな風に準備しておくべきかを知りたいのですが。

そうですね。その部分をクリアにしないと、心配ですよね。基本生活費については、P80でご説明した通り、収入が公的年金だけの世帯では、月3.3万円不足するといわれています。これを**1年で考えると約40万円分確保する必要があります。少し多めにプラス20万円を確保しておくと安心**です。

年金で賄えない資金を確保する必要があるということですね。

はい。**足りない分は、貯蓄を取り崩していくことになります。**ただ、この基本生活費の赤字は、無職世帯の平均値です。年金を受け取っていても働き続けていれば、赤字部分は給与で賄えるかもしれませんし、企業年金があるなど公的年金以外の収入が多ければ、家計が赤字になるとは限りません。**自分の家計の状況を把握して、不足する分を基本生活費取り崩し分として確保**します。そして、忘れてはいけないのが、固定資産税や家電の買い替え、冠婚葬祭費などの**「定期特別費」。この分も毎年確保する必要があります**。

■ 収入では賄えない赤字分は予備費で補填

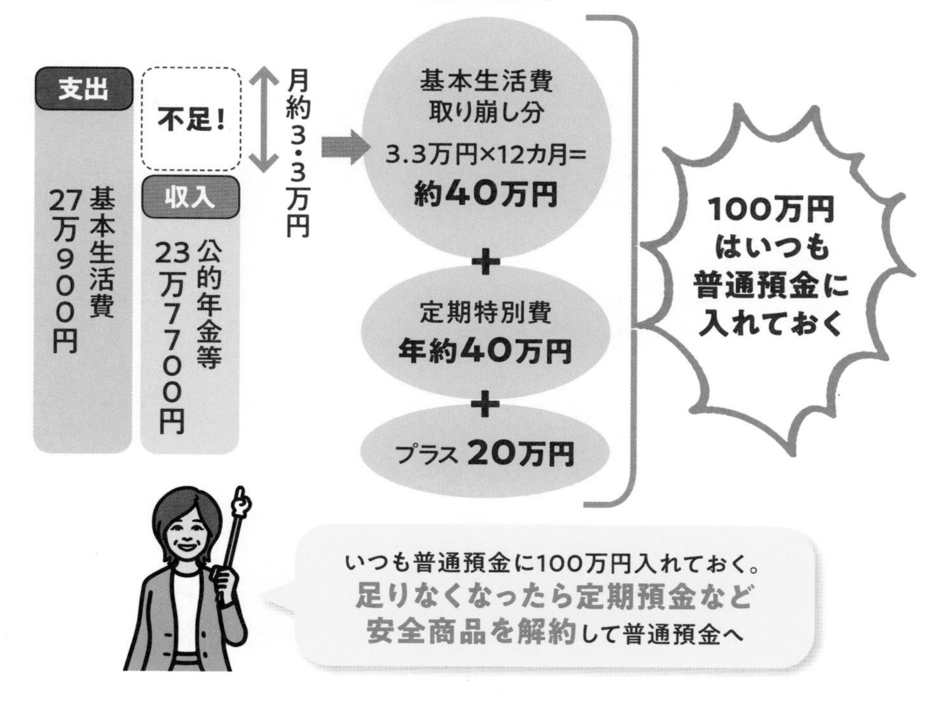

わかりました。これは、短期資金なので、普通預金ですよね。

そうですね、基本生活費の赤字分、定期特別費、プラスで確保しておくお金の合計で100万円程度は、普通預金に預けておきましょう。

すぐに使えるように「流動性重視」の金融資産ですね。

はい。定期特別費は、毎年1度支払いが発生するなど、金額や時期が明確であれば、6カ月、1年などで満期を指定できる「ネット定期」（P116参照）預けておくことも一法です。普通預金に預けておくと使いすぎてしまうことが心配な人や、ネットでの手続きが面倒でない人ならおススメです。また、2年先以上先に使う分であれば、ネット定期に預けておいて、不足してしまったタイミングで、そこから取り崩していく方法もあります。

4-5

分けたお金を上手に利用

金融商品の特性を活かして使う順番を決めていく

CHECK!

- ☑ 老後の前半に使うお金は定期預金や預貯金に頼る
- ☑ 投資信託は75歳を過ぎてから使うお金として取っておく

P106では、**金融商品には3つの要素があり、それぞれに特性があることを解説しましたが、その特性を最大限に活かすためには、使う順番を間違えないことが大切**になります。

使う順番にも気をつけないといけないわけですね。

右ページの図は、金融商品を使う順番のイメージです。まず、定年後も働き続ける場合には給与が、原則65歳からは年金が入ります。この2つは、普通預金に預け基本生活費として使います。

その他の金融商品は、どのタイミングで使うといいのですか？

ネット定期は、安全性重視の商品ですが、**普通預金よりは若干金利が高めです。同時に、換金性にも秀でていますから1年から数年先に必要なまとまったお金に充てるとよい**でしょう。個人向け国債も同様で、**60代前半～70代前半の前厚費や家族にかかるお金やリフォーム費など必要なタイミングで使いましょう。**

なるほど！　わかりました。イメージ図だと、投資信託（iDeCo・つみたてNISA）で運用している資産は、75歳以降に使うとなっていますが、どうして最後まで取っておくほうがよいのですか？

■ 各金融商品を使う時期のイメージ

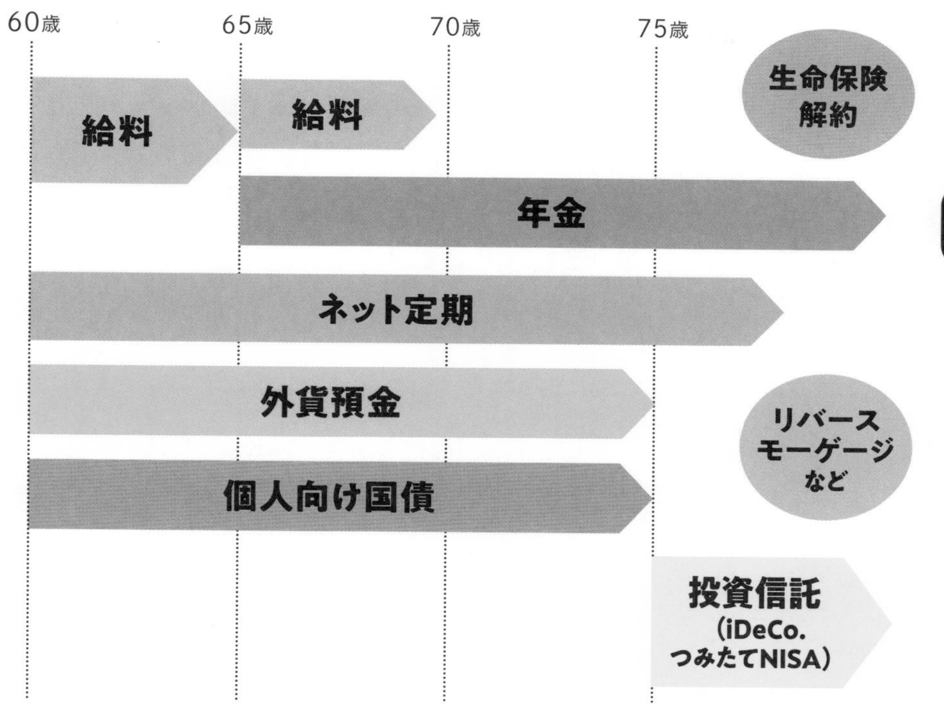

投資信託の収益性を活かすためです。また、投資信託は、運用期間が長くなればなるほど、元本割れのリスクが軽減されるため、**最低10年以上の運用期間を確保する**ようにしましょう。**投資信託で運用しているお金は、なるべく手をつけずに老後の後半用に**取っておくとよいでしょう。

上の図では75歳以降のところにリバースモーゲージと生命保険解約がありますが、これはどういう意味ですか?

これらは最終手段です。**介護施設の入居費などで老後資金が不足した際には、生命保険を解約(P124参照)したり、自宅をリバースモーゲージする(P126参照)などして、不足分を補う**方法も知っておきましょう。

4-6

「特別費」の管理がキモ

期間別・用途別のお金は実際どう振り分けるべき？

- 不定期特別費と前厚費は安全性重視の資産で確保
- 介護費は安全性重視の長期資産で確保

ここではもう少し具体的に、特別費をどの金融商品に振り分けていったらいいのかを、一例としてご説明していきますね。

是非聞きたいです！

まずは、**不定期特別費**から。車の買い替えや家のリフォームなど

■ 期間別・用途別の預け先のイメージ

60歳
65歳

不定期特別費
車買い替え 普通預金
結婚援助 ネット定期
結婚援助 ネット定期

前厚費
国内旅行 ネット定期
海外旅行 外貨預金・円預金

医療・介護費

が考えられますが、子どもがいる人は、子どもへの援助も多くかかるかと思います。時期も人にはよりますが、**75歳くらいまでなどと前厚に使いたいお金と重なる可能性も高い**でしょう。ここは、**安全性重視のネット定期を中心に準備します**。70歳以降に使う分であれば、5年以上先になりますので、元本保証のある個人向け国債（P120参照）もいいでしょう。**前厚費も同様に、ネット定期をメインに**。もし海外旅行へいくことが目的であれば、外貨預金（P118参照）で用意するというのも一法です。また、余裕資金があるなら投資信託などで運用して、順調に増えたら、その分を子どもへの援助や前厚費への補てんに使うという考え方もあります。

介護や医療はどうしたらいいですか？

10年以上先の介護費については、iDeCoなどで運用したものを使うという方法もあります。ただし、あくまでも安全商品での運用にしてください。がん治療など公的保険が使えない特別な医療費は、医療保険やがん保険、貯蓄型保険を利用するのもいいでしょう。

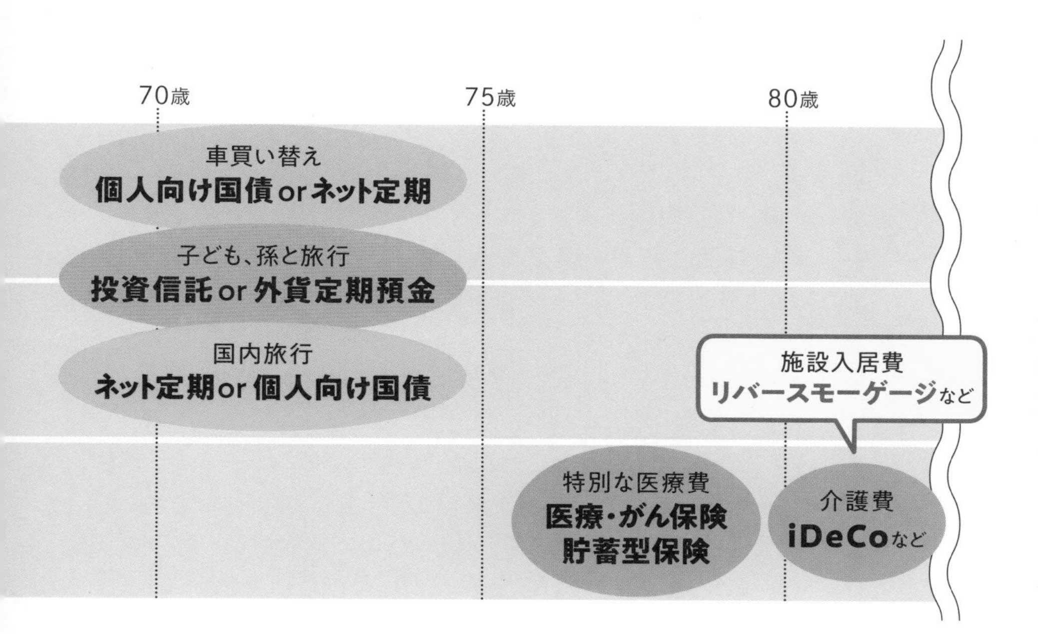

4章 お金の使い道を分けておく

中期資金の預け先①

金利はメガバンクの100倍！「ネット定期」を利用する

- ☑ 預入期間が1年なら金利はメガバンクの100倍以上
- ☑ ネットですべて完結。時間を気にせずいつでも利用できる

ここからは、それぞれの金融資産について、もう少し詳しく教えてほしいです。

ネット定期は、銀行のインターネットバンキングやネット専業銀行（ネット銀行）などが扱う定期預金のことです。**元本保証なうえに、メガバンクの定期預金と比べて100倍以上の金利を設定している商品も多く、中期資金の預け先として非常に有効**です。

なるほど。安心なうえに金利も高いのですから、老後資金の預け先としてはうってつけですね。

また、銀行口座の開設手続きなどがすべてネット上で完結できるうえに、**24時間365日、時間を気にせずいつでも利用することができる**点も魅力です。

自宅で暇な時間に手続きができるのは、非常に助かります！

メガバンクのインターネットバンキングは金利が低いため、**ネット定期を利用する場合には、ネット銀行のネット定期を選ぶようにしましょう。**一部の地方銀行のインターネット支店はネット銀行並みに金利が高く、全国どこの人でも口座が開けて利用できます。これ

■ ネット定期預金は金利の高い金融機関を選ぶ

施設の種類	施設の種類	預入単位	6カ月	1年	2年	3年	5年
オリックス銀行	eダイレクト預金スーパー定期	100万円以上	0.1%	0.22%	0.15%	0.25%	0.28%
島根銀行	インターネット定期預金ネットプラス	10万円以上	0.042%	0.22%	—	0.092%	0.092%
香川銀行セルフうどん支店	金利トッピング定期預金	300万円未満	—	0.20%	0.20%	0.16%	0.16%
あおぞら銀行BANK支店	BANK THE定期	50万円以上300万円未満	0.2%	0.21%	0.22%	0.23%	0.25%
メガバンクの定期預金		300万円未満	0.002%	0.002%	0.002%	0.002%	0.002%

預入期間によって
金利がアップ。メガバンクと比べて
100倍以上の金利に

※金利は税引き前。2022年12月時点の情報

もすべてWebで完結できます。
まとまった金額を預ける際には、わずかな金利差でも将来もらえる金額に影響を与えるため、**ネット定期を選ぶ際には、とにかく金利の高い商品を選びましょう。**

金利高めってどの程度が目安なんですか？

上の表に金利が高い商品の例をいくつかあげました。また、**新規加入特典や、4月、6月、12月などのキャンペーン期間は1年定期を中心に金利がアップすることが通例です。**そういったタイミングを狙うとよいでしょう。

中期資金の預け先②

海外旅行へ行くなら「外貨預金」が便利

☑ 外貨預金は円預金より金利が有利
☑ 現地で外貨をそのまま利用して為替リスクを軽減

外貨預金についても気になります。

外貨預金とは、日本円を外国の通貨に換えて預金することです。対象となる代表的な通貨には、米ドル、ユーロ、豪ドルなどがあげられます。最大のメリットは、日本円よりも高い金利が期待できる点。たとえば、**ソニー銀行の米ドル6カ月定期は3.5%と、円定期とは比べ物にならない高水準です**。

魅力的ですが、気をつけることはありますか？

外貨預金は、**外貨ベースでは元本とその利息が保証されていますが、為替リスクがあります**。円から外貨へ、外貨から円へ交換すると、「為替手数料」がかかります。たとえば、手数料が片道1円かかる場合だと、1ドル＝130円のときに、円からドルに交換すると131円に、ドルから円にすると129円と、交換するごとに手数料が取られます。**この手数料は金融機関により異なります**。また、為替変動によって、「為替差損」が生じて元本割れすることも。たとえば、1ドル＝130円で外貨預金したものを、預金したときより円高の（為替手数料は考慮せず）110円で円に交換すると20円分損することになります。

為替で損をするのは気になります。

■ 外貨預金を海外旅行で利用するには？

❶預けておけば円預金より利息が有利

	米ドル	豪ドル	ユーロ
普通預金	1.4%	0.85%	0.2%
定期預金（6カ月）	3.5%	2.5%	1.5%

※ソニー銀行の例（2022年12月時点。金利は年利・税引き前。金融機関によって異なる

❷円高のタイミングで外貨に換える

たとえば、50万円預けた場合

	円	ドル
円高	110円	約4545ドル
円安	135円	約3703ドル

約842ドルおトクに

※為替手数料は考慮しない

❸預けた外貨をそのまま使う

ソニー銀行の場合、預けた外貨口座から直接引き落とせるデビットカードが利用可能。米ドル、ユーロなど10通貨利用可能。世界200以上の国と地域のVisa加盟店で利用できる

円安で預けて円高で解約すると為替差損が出てしまうので、**運用中心に考えるなら高い金利につられるのは危険**です。上の②のように**外貨預金は、円高局面で始めるのがベスト。外貨のままずっと保有して、ある程度円安になったら円に戻す**とよいと覚えておきましょう。

為替リスクを防ぐ方法はないのでしょうか？

海外旅行好きの人であれば、旅行先で外貨をそのまま利用することで、為替リスクを気にしなくて済みます。実際に私もハワイによく行くので、日頃円高にふれるたびに「米ドル預金」を増やして旅先で使うようにしています。

なるほど！　私も海外旅行が好きなので参考にします。

ただし、**外貨のまま使える金融機関は限られています。**私は、海外での買い物はソニー銀行のデビットカードで外貨口座から決済しています。米ドル以外の通貨もあるのでおススメですよ。

4-9

中期資金の預け先③

元本保証の安全商品「個人向け国債」

- 国が元本と利息の支払いを保証している
- 資金が必要なタイミングで一定額ずつ中途換金して利用する

「個人向け国債」について教えてください。どんな特徴があるんですか？

個人向け国債とは、個人で購入できる国債のことで、最低1万円単位で購入できます。半年ごとに利子が支払われ、満期時には額面金額（元本）と最後の利子を受け取ることができます。**最大の魅力は国が元本保証していること。1年経てば中途換金でき元本がそのまま戻ってきます。**

元本割れのリスクがないなら、安心して老後資金を預けることができますね！

個人向け国債には3つのタイプがあり、「固定3」と「固定5」は発行時の利率が変わらない固定金利型の商品、「変動10」は満期10年で半年ごとに金利が変わる変動金利型です。超低金利下では、固定金利型のメリットはあまり期待できないため、**老後資金の預け先として選ぶなら変動金利型をおススメ**します。**変動金利型といっても、年率最低0.05%の最低金利保証があるので安心**です。

今後金利が上がればうれしいです！
個人向け国債のおススメの活用方法はありますか？

■個人向け国債はどんな風に活用する？（一例）

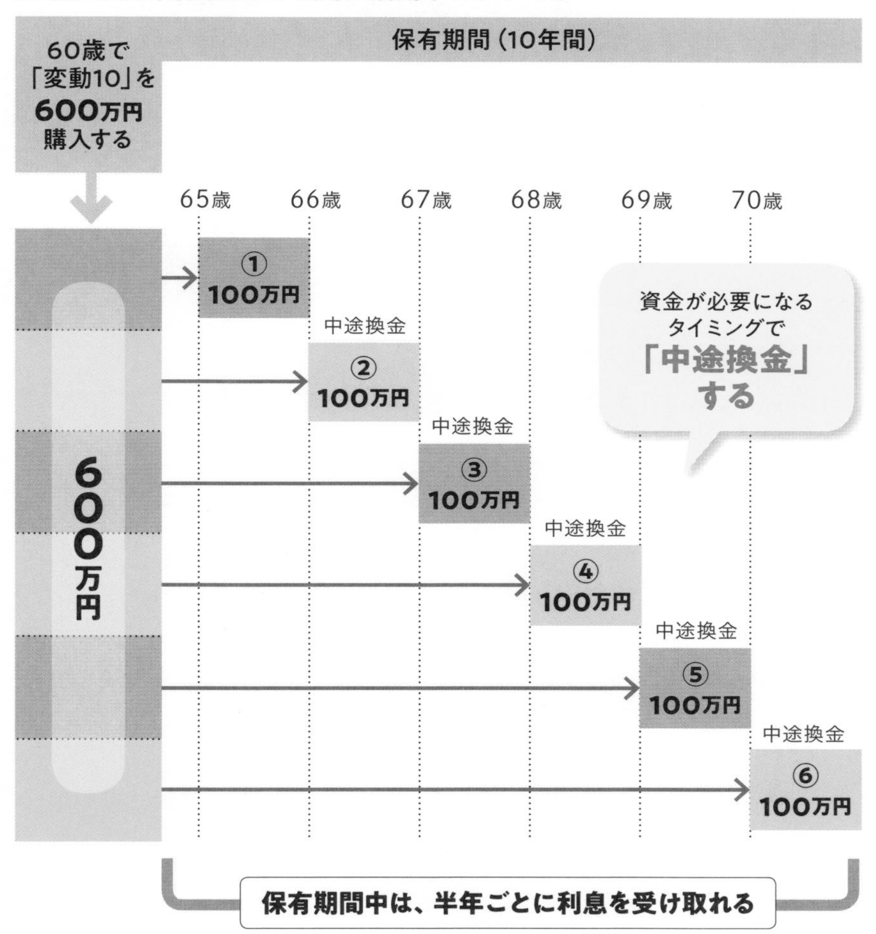

個人向け国債は、**1万円単位で換金できるので、上の図のように毎年一定額ずつ換金して前厚費に充当することも、不定期の大型出費に充てることもできて便利**です。保有期間中は、少しですが半年ごとに利息を受け取ることもできますよ。

必要なタイミングで中途換金しつつ、半年ごとに利息をゲットすることができるわけですね！

4-10 長期資金の預け先

インフレ時に有利な投資商品「物価連動国債ファンド」

- 物価動向に合わせて元本が変動する国債に投資する投資信託
- 物価が上昇するとそれに合わせて価格が上がる

インフレが続く局面で、有利な投資商品があります。

インフレに強い！　今の日本の状況にぴったりですね。興味があるので、詳しく教えてください。

あまりメジャーな金融商品ではないのですが、**物価上昇が続く現在で、インフレ局面に強い金融商品として密かに注目されています**。

運用対象となる物価連動国債は、**元本が物価（生鮮食品を除く全国消費者物価指数）の動きに連動して変動する**のが最大の特徴で、物価が上昇すれば、物価連動国債の元本や利子が増えていきます。

つまり、**物価が上がればトクできるということですか？**

その通りです。しかし、実際には個人が物価連動国債を購入するのはハードルが高いため、**物価連動国債の値動きと連動するように設計されている「物価連動国債ファンド」**を活用するといいでしょう。

ちなみにインフレ局面に強いということは、裏を返せば、デフレ局面には弱いということですよね。ということは、これから先に日本経済が

■ 物価連動国債のイメージ

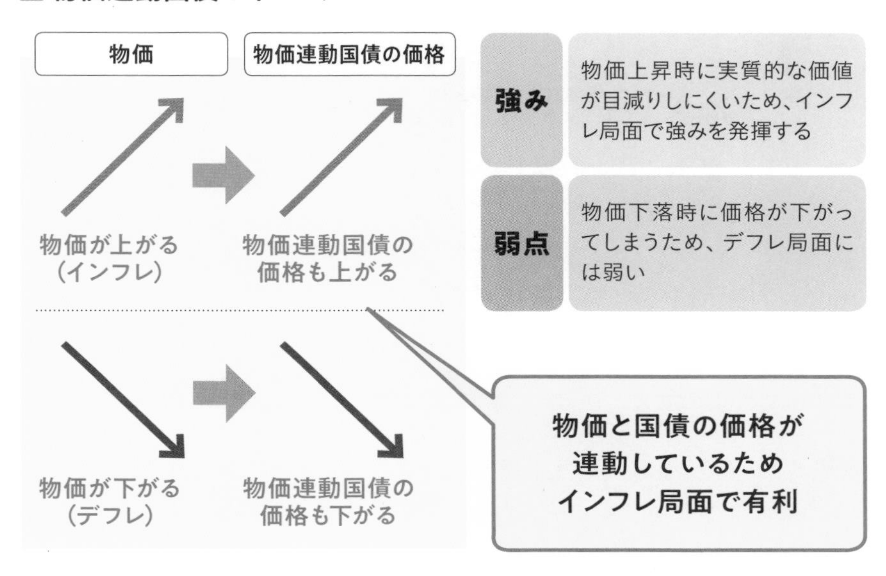

再びデフレ局面になったら、損をするリスクもあるんじゃないですか？

たしかに、**物価連動国債ファンドは物価下落時に元本が減ってしまうため、デフレ局面では力を発揮できません。ですから、今のような物価上昇時、インフレ進行時に利用することが大事です。**

なるほど。インフレに連動するなら、今の時期の老後資金の預け先としての選択肢の１つになりますね。

年金生活でインフレが起きると、家計が苦しくなりますが、現役世代と違って、賃金アップは望めません。そんなとき、**生活費の上昇分を補えるのは安心なので、インフレヘッジの1つの方法として覚えておきましょう。**

わかりました！

資金不足を生命保険で補う

4-11 解約返戻金が受け取れる「生命保険」を利用する

- 定年後は高額な死亡保険は不要になる
- 生命保険は解約返戻金が増額するタイミングで解約する

老後の後半に資金が不足した場合の選択肢として、生命保険の解約という提案がありましたが、そもそも生命保険を解約しても大丈夫なのでしょうか？

ここでいう生命保険とは死亡保険をさしています。自分が亡くなった後の生活を守る目的で加入する保険なので、老後は必要のない人がほとんどでしょう。ただ、**今、50代以上の人が、20代に加入した終身保険を持っているなら、予定利率の高い「お宝保険」なので、そのまま保有しておくことをおススメ**します。

ちなみに、私は数年前に終身保険に加入したばかりなのですが、どんな風に利用したらいいですか？

ここでは終身保険の中で最近主流の低解約返戻金型終身保険を例にして見ていきましょう。

低解約返戻金型終身保険とは？

低解約返戻金型終身保険は、**従来の終身保険と比べて保険料が割安なことから現在人気の商品で、保険料の払込期間満了までは、解約返戻金の額が抑えられているものの、払込満了後には**

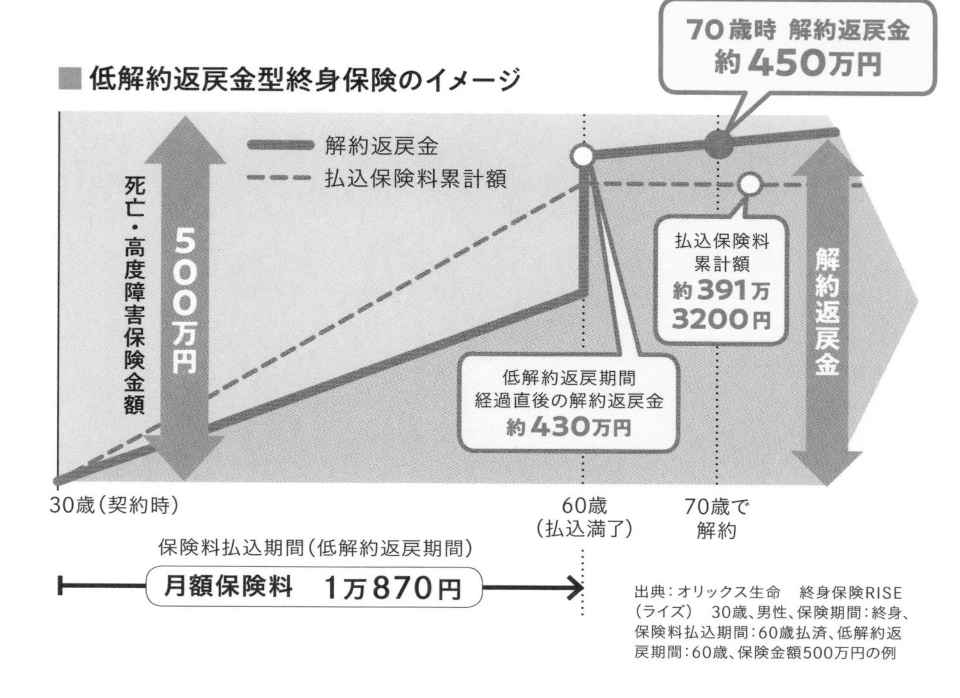

解約返戻金が増えるという特徴を持っています。

上の図は低解約返戻金型終身保険の仕組みの例です。この図を見るとわかる通り、保険料払込期間が満了する60歳以前に解約すると、解約返戻金が払込総額を下回り、損をしてしまいます。しかし、解約返戻金の金額は払込満了の60歳以降にグッと上がり、70歳で解約した場合には約450万円と、保険料払込額を59万円上回っていますね。

本当だ！　つまり、**高齢になってから低解約返戻金型終身保険を解約すれば、まとまった金額を受け取れる**ということですね。

その通りです。もちろん、保障は一生涯続くため、お金が必要でないなら、無理に解約する必要はありません。しかし、先述した通り、老後の後半では基本的に生命保険は不要となります。そのため、介護で**施設入所する際の費用など、まとまったお金が必要になった場合には、終身保険を解約して、老後資金の補てんに活用するのも一法**です。

4-12

介護費用の準備法の最後の手段

自宅を現金化する方法で介護費用を捻出する

- 自宅を現金化する方法は、3つある
- デメリットも理解して慎重に判断しよう

年金などでも老後のお金が足りなくなってしまった場合は、どうすればよいのでしょうか？

老後資金を確保するうえで最終手段となるのが、自宅を現金化するという方法です。不動産を動産に変える手段として、「リバースモーゲージ」、「リースバック」、「マイホーム借上げ制度」という3つがあります。リバースモーゲージとリースバックは、自宅を現金化した後でもそこに住み続けられる方法です。

住み慣れた自宅で生活が続けられるのはメリットですね。

まずリバースモーゲージは、**自宅を担保に融資を受けるローンです。毎月の支払いは利息のみで、債務者が亡くなった後に相続人が自宅の売却または現金一括で元本を返済する**という仕組みになっています。

毎月元本と利息を返済する住宅ローンに比べると、月々の返済の負担が抑えられるということですね。

ただし、**融資条件が厳しかったり、返済が長期化するほど返済負担が大きくなる**といったデメリットがあります。

■ リバースモーゲージとリースバックの違いは？

リバースモーゲージ		リースバック
自宅を担保にして 融資を受ける	仕組み	自宅を売却して 現金を得る
あり	借入の有無	**なし**
しない	所有権の移転	**する**
必要	担保の設定	**不要**
金融機関の評価によって異なり、 市場価値より2〜3割程度低い	調達できる 資金	一般的な市場価値より低い
・最終的に売却を前提としている ・利息と元金の返済が発生 ・利用条件が限定されている	特徴	・売却後、賃貸借契約を結び、 自宅に住み続けられる ・賃料が発生する

リースバックは、**自宅を不動産会社などに売却し、売却先と賃貸借契約を締結することで、自宅に住み続けることができる仕組み**。リバースモーゲージとは異なり、リースバックで自宅を売却する形となるため、所有権は売却先に移転します。**短期間で自宅を現金化できたり、家を所有することで発生するランニングコストを軽減できるの**がメリットです。デメリットは、**売却価格が相場よりも安くなる傾向にあったり、賃貸借期間が無期限ではない**といったことがあります。

なるほど。その他に、リバースモーゲージとリースバックで違う点はありますか？

リバースモーゲージは自宅を担保とした融資のため、金融機関の審査があります。年齢制限や年収基準をクリアしていないと審査が通らない場合があります。リースバックは、不動産取引であるため、原則与信面で断られることはありません。また年齢制限や年収基準、家族の同居制限もないため、比較的利用しやすくなっています。

3つ目のマイホーム借上げ制度は、シニア層（50歳以上）が保有する住まなくなったマイホームを借り上げて転貸する制度です。借り上げ賃料を受け取ることができ、契約終了後は、自宅へ戻ったり、売却したりできます。

自宅を売りたくないという人にぴったりですね。

この制度は、1人目の入居者が決まった後であれば、**空室が発生しても規定の最低賃料を保証してくれる**ので、安定した賃料が見込めるメリットがあります。ただし、**一般的な相場と比べて賃料が安くなる傾向があります**。

いずれの制度もメリット・デメリットがあるということですね。

そうですね。**自宅を現金化するのはあくまで最終的な手段。それぞれの制度をきちんと把握したうえで、慎重に判断することが大切です**。

■ マイホーム借上げ制度の仕組み

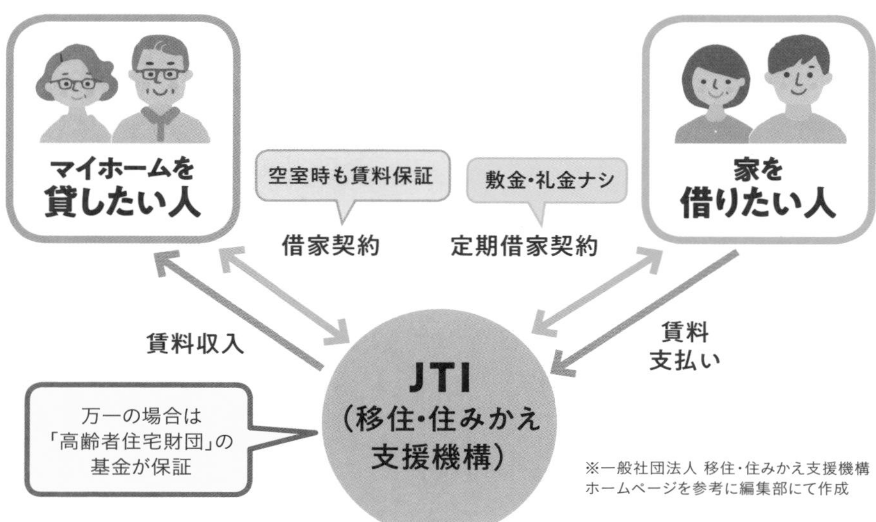

※一般社団法人 移住・住みかえ支援機構ホームページを参考に編集部にて作成

5章

老後のお金の運用法

物価高には資産運用で対抗

「インフレ」に負けないお金の運用方法は？

- 高いインフレが続くと定期預金の価値は下がる
- 「株式」「不動産」はインフレに強い

定年後用の資産を増やすには投資をしたほうがよいのでしょうか？知識もないし、今から始める自信がありません。

「投資は怖い」と感じている人は多いと思います。ですが、**このままインフレが続いていく**と、**預貯金で預けているお金の価値はどんどん下がっていく**ばかりです。

どんどん下がるんですか。

はい。たとえば、定期預金を10年間預けた場合の平均金利を0.002%（※）とします。仮に金利の水準があまり変わらずインフレ率1%が続いていったとしたら、**金利で増えた分で物価の上昇を賄うことはできない**ので、持っているお金の価値は目減りしていくことになります。

つまり、せっかくコツコツ貯めても、**いざ使うときにお金が実質、減っている!** という可能性が高いということですね。

そうですね。そのため、**自分の資産を守るためにもインフレに強い資産運用をしていくことを考えないといけない**ですね。

※日本銀行金融機構局「預金種類別店頭表示金利の平均年利率等について　2022年3月30日」

インフレに強い資産運用とは？　どんなものですか？

たとえば、「株式」は、インフレに強い資産といわれています。**株式は、原則として企業の業績が上がればその価値が上がります**。インフレが進むということは、物の値段が上がっていくので、原則として企業が利益を出しやすくなり、株価も上がりやすくなります。

なるほど。**「物価が上がる＝会社が儲かる＝株価上昇」**ということですね。でも株式投資って大きく損することもありますよね。

もちろん、どの企業もインフレで株価が上がるとは限りませんし、さまざまな要因で株価は上がったり下がったりしますので、50歳以降は、**なるべくリスクの低い投資**方法を活用することが大切です。詳しくは、後で説明しますね。

はい。しっかり教えてください！

また、「不動産」や「金」など現物資産もインフレに強いといわれています。ただし、不動産などに直接投資するには、まとまった資金が必要です。

5-2

50歳からの資産運用への考え方①

「一括投資」はしない! 積み立て投資でリスクを減らす

- 利息が利息を生む複利効果を活用する
- 定額を定期的にコツコツ投資でリスクを回避
- 投資対象を分散させて値下がり時のダメージを軽減

投資といっても、さまざまな方法があり、モノによっては大きく増える可能性がある半面、大きく減らしてしまうこともあり得ます。たとえば、**株式投資はその代表格。1つの銘柄に投資するのに少なくとも10万円くらいは必要ですし、必ず儲かるわけではありません。**

それは困ります。投資の知識もないし、**自分のお金を守りながら投資ができれば、理想**なんですけれど。

そうですね。50代以降の資産運用は「攻めの投資」より「守りの投資」が向いています。まず「一括投資」は原則NG。**「長期・積立・分散」できる「積立投資」でリスクの少ない投資**を目指すことです。

長期・積立・分散ですね。どんな点がよいのですか?

まず1つ目は、長期投資。その最大のメリットは「複利効果」です。複利効果とは、配当金などの投資で得た利益を元本に加えて再投資することで、**お金が増えるスピードが高まります。これは長期間続けるほど効果が上がります。**2つ目は、一定の金額で積み立てていくこと。株価は上がったり下がったりを繰り返しているので、**毎回決まったタイミングで少しずつ投資していくことで、安いときにはたくさん、高いときには控えめに買えることから大きな失敗を防ぐ**ことができます。

■ 50歳からの投資は「長期・積立・分散」が基本

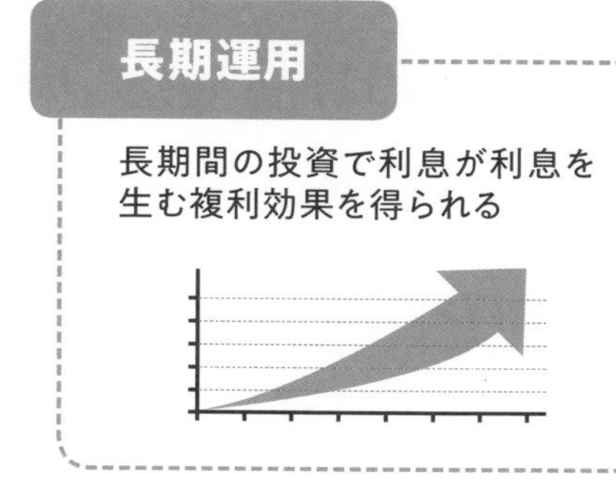

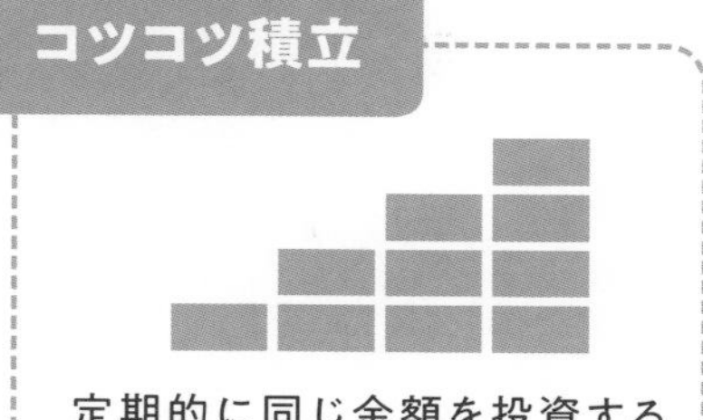

3つ目は、分散投資。投資の格言で「卵は1つのかごに盛るな」というものがあります。

卵を1つのかごに盛るですか?

たとえば、卵を6個持っていたとして、その卵を全部1つのかごに入れておくより、2つに分けておけば、1つのかごを落としてしまっても、全部の卵が割れなくて済みますよね。

なるほど! **かごを分けることでリスクが分散する**んですね。

そうです。投資も同じで、投資する対象を1つに集中させてしまうと、その価格が暴落した場合、自分の資産も大幅に影響を受けます。でも**投資先を分散しておけば、損害が一部の資産で済みます。**

5-3

50歳からの資産運用への考え方②

若い人と50代では損したときのダメージの大きさが違う

- 自分のリスク許容度に合わせた投資を心がける
- 退職金が入ったからと一度に大金で投資してはいけない

投資をするときに重要なことは、**「リスク許容度」を超えない投資を心がける**ということです。

リスクの許容度とは？　なんですか？

投資で損をしたときに、どの程度までなら耐えられるのかの度合いのことです。リスク許容度が高い人のほうがハイリスクハイリターンの投資に向いているといわれています。

右ページにリスク許容度を考えるときの目安をあげました。たとえば、**余裕資金が10万円しかない人と300万円ある人では、後者のほうがダメージを受けにくい**ですよね。投資の知識や経験が豊富な人や、資産が目減りしたとしても耐えられる精神力がある人も、リスク許容度が高いといえます。

また、投資で失敗して損をしたとしても、働いて資産を増やすことや、長期投資で挽回するチャンスがあるなど、**時間を味方につけられることも投資するうえでは有利**といえます。**この時間を味方につけることが、若い人に比べて、定年前後の人は難しくなるわけです。**

■ 投資に対するリスク許容度のイメージ

リスク許容度が**高い人**	リスク許容度が**低い人**
① 余裕資金が多く損をしてもダメージが少ない	① 余裕資金が少なく損するとダメージが大きい
② 投資経験や知識が豊富	② 投資経験や知識が浅い
③ 資産が目減りしても耐えられる精神力がある	③ 資産が少しでも目減りするのは耐えられない
④ 投資に失敗しても、資金が必要になるまで損失をカバーする時間が長い	④ 投資に失敗しても、資金が必要になるまで損失をカバーする時間が短い

つまり、**50代は長期投資が向かない**ということですか？

いえ。そういうわけではありません。55歳から始めても、10年後は65歳ですから。たとえば、5年後に使うお金は、投資に回さず貯蓄で確保すべきですが、もっと先の70歳、75歳から必要になるお金は、これからでも投資に回せます。**インフレの影響などで大切な老後の資産を目減りさせないようにするには、リスクを抑える方法を理解して、ある程度の投資をしていくことが必要**になります。

はい！　具体的な方法を教えてほしいです。

次のページから順を追ってご説明していきますね。また、投資をしていくうえで必ず守ってほしいことは、**退職金が入って余裕資金ができたからと、まとまったお金を1度に投資することは厳禁**です。自分の退職のタイミングと、投資にとってよいタイミングは全く関係ありませんから。

5-4

老後の資産運用の王道

「投資信託」が50歳からの投資に向いているワケとは？

☑ プロが運用、分散投資で初心者でも安心
☑ 1000円から少額でも始められる

投資と聞くと株式投資しか思いつかないのですが、複数の株を買えば、リスクを分散できますか？

はい。多少はできますが、たくさんの資金が必要になります。銘柄選びも難しいですね。**50代からの資産運用ツールとしておススメなのは「投資信託」。株式投資と比べてリスクが低く投資初心者に向いています。**

投資信託、聞いたことあります！　どんなものかは不明ですが。

投資信託とは、私たち**投資家から集めた資金をまとめて、運用会社（ファンドマネジャー）が投資・運用し、得られた利益を投資家に還元する金融商品**のことで、「投信」「ファンド」とも呼ばれています。

利益は、購入したときの価格より売却したときの価格が高くなった場合に得られる**「売却益」**と、運用がうまくいったときに運用会社から還元される**「分配金」**の２つがあります。

わかったような、わからないような……。

株式投資との違いを右ページにまとめました。

■「投資信託」と「株」の違いは?

投資信託は
1度に世界中の国や株に
少額から投資ができる
パッケージ商品です

投資信託		株式投資
プロが運用してくれるので、細かな市場の動きや企業情報のチェックが不要	誰が運用する?	銘柄選びから運用まですべて自分が行う。売買のタイミングも考える必要がある
たくさんの企業や国に分散投資するからリスクが少ない	投資対象は?	1企業(銘柄)ごとに投資。大きく儲けられることもあるが、その分リスクも高め
100円や1000円など少額から始められる	投資金額は?	1銘柄で数万円~数十万円の費用が必要

まずは、運用方法の違い。株は銘柄選びから運用まですべて自分で行うことになるので、企業分析や市場の動きを細かくチェックする必要があります。一方、**投資信託は、プロが運用をしてくれるのでおまかせでOK。ただし運用中の手数料が若干かかります。**

次は、投資対象。株は1つの企業(銘柄)ごとに選んで投資しますが、投資信託は、国内外の**株式や債券など複数の投資対象が1つの商品にまとまっている「パッケージ商品」**。つまり、1本の投資信託でリスクを分散できます。**投資金額も、1銘柄数万円~数十万円かかる株に対し、100円、1000円から始められる**という手軽さです。

少額から始められて、運用はプロがやってくれるのはありがたい! どこで始められますか? 証券会社ですか?

証券会社はもちろんですが、銀行でも始められますよ。

投資信託の選び方は？①

どんな商品を選んだらいい？選び方のコツはある？

- 自分のリスク許容度に応じて債券・株式の組み合わせを選ぼう
- 初心者はローリスクローリターンの投資を目指す

ところで、投資信託の選び方のポイントはありますか？

投資信託は、運用のプロが世界中の株式や債券、不動産などのさまざまな投資対象を選んで１つにした商品なので、**投資先の地域や投資する資産などによって運用リスクが変わってきます**。

投資対象で分類した場合、**「国内債券」「外国債券」「国内株式」「外国株式」の4つが基本**の資産です。４資産のリスクとリターンの関係を右ページの図にまとめました。右上に行くほど、ハイリスクハイリターンになります。

債券ファンドは、国債や地方債、社債といった公社債に投資するもので、株式ファンドよりリスクが低いです。債券ファンドも株式ファンドもそれぞれ、日本国内と外国に投資するものがあり、為替変動リスクがあるぶん、外国へ投資するタイプのほうがリスクは高くなります。また、外国に投資する場合、全世界、先進国、新興国などの特定の国や地域に幅広く分散投資するものもあり、一般的に先進国のほうが新興国より価格の変動が緩やかなので、安定的な運用が見込まれます。

失敗したくないので、**リスクが少ないものを選びたい**です。

■ 投資信託の主な投資対象とリスクとリターンの関係

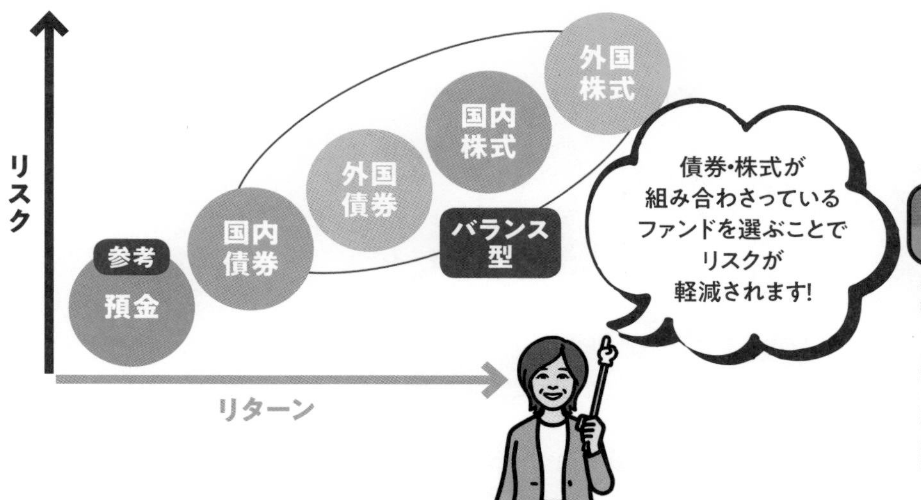

そうですね。50代から資産運用を始める場合、時間が十分にあるわけではありませんので、リスクを取りすぎないほうが無難といえます。1つの商品で、**国内外の株式、債券などに投資を行う「バランス型」という商品もあります**。

バランス型?　また新しい言葉が……。

株式は企業の業績や市場の動きに合わせて変動するので、利益が大きくなる可能性もありますが、損失が大きくなるリスクもあります。一方債券は、金利上昇面では値下がりすることがあるものの、株式ほど値動きが大きくないため、比較的、ローリスクの投資対象といえます。

たとえば、リーマンショックなどの株の大暴落があった場合も、債券が入ったバランス型の商品を選んでいれば、株だけで運用するファンドほどは値下がりしませんでした。

なるほど〜。**商品の選び方でさらにリスクをコントロール**することができるというわけですね。

5-6

投資信託の選び方は？②

投資信託にはどんな種類があるの？

CHECK!

- 投資信託の運用スタイルは、「アクティブ」と「インデックス」の2つ
- 低コストで安定的なインデックス型は投資初心者に向いている
- インデックスファンドの種類はどんなもの？

投資信託は投資対象だけでなく、**運用スタイルによっても2つのタイプに分類することができます。**

投資信託の運用にスタイルがあるんですか？

積極的な運用スタイルを取る「アクティブ型」、安定的な運用スタイルを取る「インデックス型」に分かれます。

定年後に資産を運用する場合には、アクティブ型とインデックス型のどちらを選べばよいのでしょうか？

基本的に老後資産の運用は高いリスクを避けることが鉄則となるため、安定的なインデックス型を選ぶことをおススメします。

老後資産の運用は安定重視ということですね。

その通りです。また、**インデックス型はアクティブ型と比べて低コストでの運用が可能**です。そのため、投資信託の長期積立投資を行う場合には、まずはインデックス型への投資から始めてみるとよいでしょう。

■ 投資信託には2つの運用スタイルがある

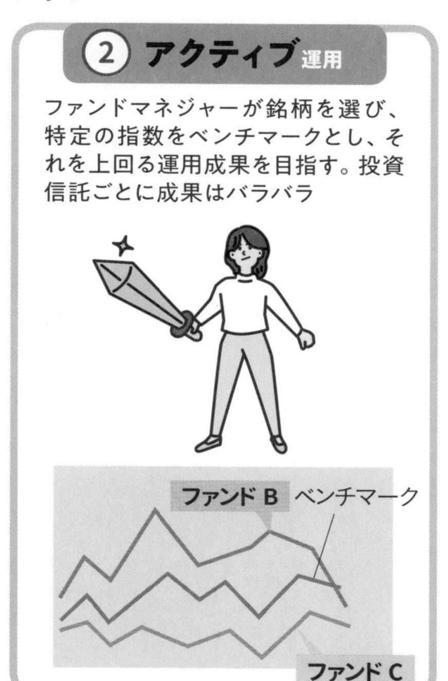

インデックス型とアクティブ型の仕組みについて、もう少し詳しく教えてほしいです！

それでは、まずはインデックス型の仕組みからご説明していきましょう。**インデックス型は、特定の指数を運用の基準とし、その動きに連動する成績を目指すタイプの投資信託**です。

インデックス型は値動きが指数に連動するため、**投資初心者にも扱いやすく、銘柄選定に伴う費用がかからないので運用コストが低く設定されている**のも大きなメリットといえます。ただし、**指数を上回るリターンは期待できません。**

インデックス型は低コストで運用できるということですね。

アクティブ型は、運用会社独自の銘柄選択や資産配分によって指数を上回る成果を目指して積極運用するタイプの投資信託です。

運用次第では大きなリターンが得られる可能性もありますが、その分だけリスクもあります。また、銘柄選定に費用が発生する分、インデックス型と比べて運用コストが高くなる傾向にあります。そのため、**アクティブ型を選ぶ際には、高いコストに見合った運用成績が見込めるか、慎重に検討することが必要**となります。

なるほど。リスク面やコスト面を考慮すると、**初心者が定年後に老後資産を堅実に増やしていきたいという場合には、やはりアクティブ型よりもインデックス型がよさそうですね。**

その通りです！

先ほどから指数という言葉が出てくるのですが、これについても教えていただけますか？

指数といっているのは、株価指数や債券指数のことで、投資信託が運用の指標としている基準のことです。投資信託の運用成績の善し悪しは、基準としている株価指数や債券指数と比較することで判断することができます。

インデックス型であれば、どれだけ指数に連動させることができたかが評価の基準となり、アクティブ型であれば、どれだけ指数を上回るリターンをあげられたかが評価の基準となるわけです。

指数との比較で投資信託の運用成績は評価することができるのですね。それでは、具体的な指数にはどのようなものがあるのでしょうか？

■ インデックス指数にはどんな種類があるの？

カテゴリー名	連動する株価指数の例	どんな内容？
日本株式	**日経平均株価**	東京証券取引所プライム上場企業の中の代表的な225社が対象
米国株式	**S&P500**	米国の主要産業の流動性の高い500銘柄を対象としている
全米新興株式	**ナスダック（NASDAQ）総合指数**	米国のNASDAQに上場した銘柄が対象。IT企業が中心
全世界株式	**MSCIオール・カントリー・ワールド・インデックス**	日本を含む先進国及び新興国などの幅広い銘柄対象
先進国株式	**MSCIコクサイ・インデックス**	日本を除く先進国22カ国の上場企業の株式を対象としている
新興国株式	**MSCIエマージング・マーケット・インデックス**	新興国の主要銘柄（中国、韓国、台湾の企業）などが中心

上の表は、代表的な株価指数をまとめたものです。たとえば、**日本の株式市場の動きを把握する代表的な指標に日経平均株価があります**。これは、日経新聞が選定した東京証券取引所プライム市場に上場する企業の中の225社によって構成された指数です。

S&P500という指数も聞いたことがあります。

S&P500は、米国内の代表的な500社によって構成された指数で、そこにはGAFAM（※）などの世界的企業が含まれます。**構成銘柄を定期的に見直す点も特徴的です**。

他にも知っておくとよい株価指数はありますか？

MSCI オール・カントリー・ワールド・インデックスは、日本を含む先進国及び新興国などの幅広い地域の銘柄によって構成された株価指数です。現在では、**リスク分散の観点から全世界株式ファンドの人気が高まっており**、今後投資をしていくうえで注目すべき指数といえるでしょう。

※Google、Amazon、Facebook（Meta）、Apple、Microsoftの頭文字をとった名称で、世界の市場を牽引する米国の巨大IT企業の総称

50代以上の人が利用するなら

初心者はバランス型のファンドを選ぶのが無難

- 債券と株式へ同時に投資できる
- 先進国は経済が安定しているのでリスクが低め

P138でご説明した、「バランス型」の投資信託の具体的な商品を一例としてご紹介します。投資対象を株式と債券へ同時に投資する投資信託は、比較的安定的な商品の1つといえます。

はい。教えてください！

まずは、「セゾン・グローバルバランスファンド」。株式50％、債券50％が資産配分比率となります。株式の中には、アメリカ、日本、欧州、太平洋（日本を除く）、新興国が、債券の中には、米国、欧州、日本が含まれます。株式と債券の中での投資先分配比率は、市場の時価総額の変化に応じて適宜見直してくれるので市場の動きに対応します。また、**株価が上昇して株式比率が大きくなった場合は、株式を売却して債券を購入するなど、必要に応じて運用会社が調整してくれます**。

プロが常に見張ってくれるんですね。 助かります！

もう1つは、「楽天・インデックス・バランス・ファンド（均等型）」。このファンドは、日本を含む全世界の株式に50％、投資適格債券（為替ヘッジあり）に50％に分散投資しています。

■ リスクを軽減できるファンド選び

例1 セゾン・グローバルバランスファンド

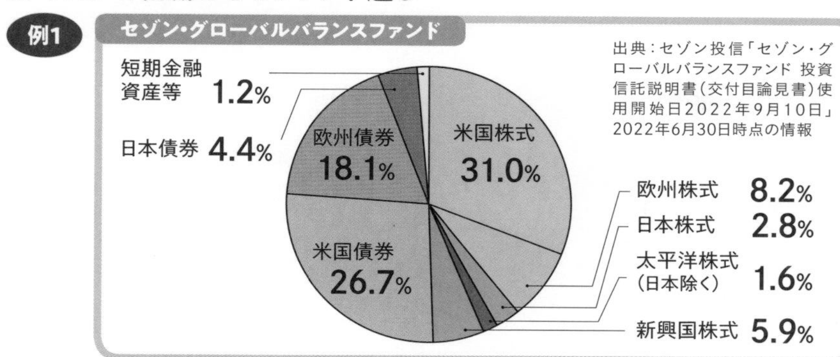

出典：セゾン投信「セゾン・グローバルバランスファンド 投資信託説明書（交付目論見書）使用開始日2022年9月10日」2022年6月30日時点の情報

例2 楽天・インデックス・バランス・ファンド（均等型）

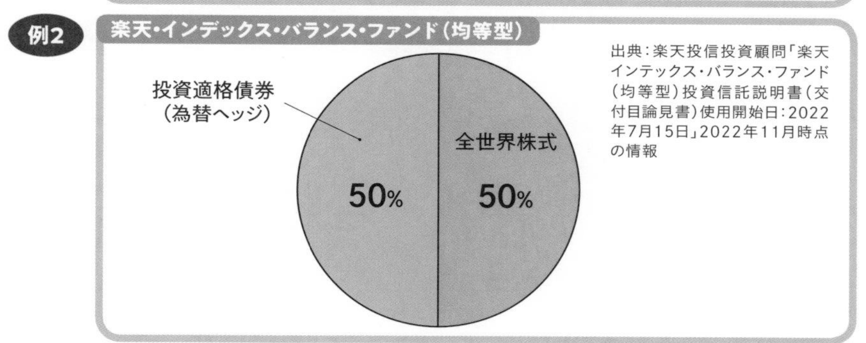

出典：楽天投信投資顧問「楽天インテックス・バランス・ファンド（均等型）投資信託説明書（交付目論見書）使用開始日：2022年7月15日」2022年11月時点の情報

全世界株式は、「FTSE グローバル・オールキャップ・インデックス」という株価指数に連動しています。

株式指数！　P143で教えてもらった、「日経平均株価」とか、「S & P500」とかですね。ところで、FTSE グローバル・オールキャップ・インデックスとは、どんな株式指数なのでしょうか？

FTSE グローバル・オールキャップ・インデックスは、世界中の主要な株式市場に連動しているので、1商品で世界中の株に分散投資していることになります。投資適格債券は、日本を含む世界の国債、政府機関債、社債などのうち相対的に安全といわれる信用度の高い債券をさします。**世界中の株式、債券にバランスよく投資しているので、初心者の運用には無難といえるでしょう。**

国も投資を後押し！

非課税制度を利用して投資信託をさらにおトクに

- ☑ 投資信託はiDeCo(イデコ)とつみたてNISAの2つを利用
- ☑ 投資できる資産が少ない人はiDeCoを優先しよう！

投資信託を始めるなら、まず使うべきおトクな制度があります。

それ！　絶対に聞きたいです。

売却益や分配金が非課税になる「iDeCo」と、「つみたてNISA」です。**iDeCo（個人型確定拠出年金）は、老後資産を自分で作るための私的年金制度のひとつ。**加入できるのは、20～65歳未満（※1）。運用商品は、投資信託・定期預金・保険商品から選びます。年間の投資可能金額は、職業、加入している年金によって異なります。たとえば、会社員は年額27万6000円（※2）まで、自営業の場合は年額81万6000円などです。運用したお金は、60～75歳の間に、一括（一時金方式）・分割（年金方式）・一括&分割の3つの方法から選んで受け取ります。iDeCoの税制優遇は、**積立（拠出）時には、掛金が所得から引かれて税金が安くなるほか、運用時には運用益にかかる税金が非課税に、受け取り時にも税制優遇**が受けられます。

でも65歳までだと時間が短いような……。

55歳からでも10年間できるので、短いとは言い切れません。今すぐ必要なお金でなければ、超低金利の定期預金より、さまざまな税制優遇を受けながら老後資金を準備するほうが効率的です。

※1 厚生年金加入者は18歳以上、国民年金加入者は60歳以上65歳未満は任意加入者のみ
※2 企業年金がない会社の会社員の場合

■ 非課税制度「iDeCo」「つみたてNISA」の特長は？

iDeCO		つみたてNISA
20歳以上65歳未満※3	対象年齢	18歳以上
65歳になるまで※4	投資可能期間	20年※5
14.4万～81.6万円（職業、加入している年金により異なる）	年間投資可能額	40万円※6
各金融機関が扱う**投資信託、定期預金、保険商品**	購入できる主な商品	国が定めた条件をクリアした**投資信託・ETF**
原則60歳以上	払い出し	いつでも可能

※3：厚生年金加入者の場合は18歳以上。国民年金加入者は60歳以上65歳未満は任意加入のみ
※4：2025年から70歳未満に加入変更の予定
※5：2024年から無制限となる
※6：2024年からつみたて投資枠120万円と別に成長投資枠240万円になる

つみたてNISA（少額投資非課税制度）は、少額から行う長期・積立・分散の投資を国が支援する非課税制度。18歳以上から利用することが可能で、投資可能期間は20年（※5）。年間投資額は40万円まで（※6）で、**いつでも売却することができます。**運用商品は、投資信託（一部ETF（※7）あり）ですが、すべての投資信託ではありません。 ※7 証券取引所に上場している投資信託

商品が限定されているということですか？

はい。金融庁が定めた基準をクリアした、低コストでリスクの少ない、長期・積立・分散投資に向いている商品だけです。**税制面では、保有している間に得た分配金と、値上がりした後に売却して得た利益（譲渡益）が非課税**になります。

どちらもおトクな制度だけれど、両方やるのは資金的に難しいかも。

もちろん可能な範囲で。働いて収入を得ているならまずiDeCoから。掛金を拠出するだけで、所得税等の税率分がおトクになるので有利です。ただし、**iDeCoは60歳以降になるまでお金を引き出せない**ことには注意が必要です。

投資がしやすくなるってホント？

2024年からNISAが一生涯利用できるようになる

- NISA制度は恒久化してますます便利に
- 年間投資上限額がつみたてNISAは3倍。一般NISAは2倍に
- 非課税枠が最大1800万円に

iDeCoとつみたてNISAは、利用するべきおトクな制度というのは、理解できたのですが、最近、NISAの制度が新しくなるというニュースをよく耳にして気になっています。

そうなんです！ **2024年からのNISA制度が改正され、利用者にとってますます便利な仕組み**になりますよ。

具体的には、どんな改正がされるのでしょうか？

現行のNISAには、長期投資に適した投資信託が対象となる「つみたてNISA」と国内外の上場株式などの幅広い商品に投資ができる「一般NISA」の2つがあります。これまで、**つみたてNISAは、2042年まで一般NISAは2023年までと、利用期間が限定されていました**。しかし、**今回の改正でNISAが恒久化され、どちらも運用可能期間と非課税期間が無期限**となります。

つまり、**永久的にNISAを利用できる**ということですか？

その通りです。NISAが恒久化されることによって、50代から始めたとしても、場合によっては、30年以上の長期運用が可能になるので、ますます便利になりますよ。

NISAは投資枠が大幅に拡大される

【現行のNISA】2023年末までに投資した分は別管理されて存続

	運用可能期間	非課税期間	年間投資上限額	最大投資可能額	買える商品
つみたてNISA	2042年まで	20年間	40万円	800万円	長期投資に適した投資信託（金融庁が指定する銘柄）
一般NISA	2027年まで	5年間	120万円	600万円	長期投資に向かないものを除外した株式・投資信託など

【新NISA】2024年1月から開始

	運用可能期間	非課税期間	年間投資上限額	生涯の投資上限額	買える商品
つみたて投資枠	無期限	無期限	120万円	1800万円	長期投資に適した投資信託（金融庁が指定する銘柄）
成長投資枠	無期限	無期限	240万円	うち成長投資枠は1200万円	長期投資に向かないものを除外した株式・投資信託など

制度が恒久化されたこと以外にも、改正のポイントはあるのでしょうか？

今回の改正のもう1つのポイントが**年間投資上限額の拡大です。**具体的には、**つみたてNISAが現在の3倍の年120万円、一般NISAは「成長投資枠」と名前を変えて現在の2倍の年240万円**になります。現行では、つみたてNISAと一般NISAの併用はできませんが、**改正後はつみたてNISAと成長投資枠の併用が可能**となります。また、**非課税での最大投資可能額も拡大され、1800万円（うち成長投資枠は1200万円まで）**になります。

年間投資上限額や最大投資可能額が拡大されたことで、さらにNISAの非課税メリットを享受できるようになりますね！

シニア世代にも便利に！

新NISAになったら どんな風に利用すべき？

- ☑ 現役時代なら給与から積み立てする
- ☑ 退職金をコツコツ積み立てて老後の後半資金に使おう！

ところで、新しく生まれ変わったNISAはどのように活用していくとよいのでしょうか？

年間投資上限額の拡大を利用しない手はありません。たとえば、改正後はつみたてNISAの年間投資上限額である年間40万円から年間120万円へと跳ね上がります。**現行のNISAの年間投資上限額に物足りなさを感じている人は毎月の積立額を増やし、つみたてNISAの非課税メリットをより活かしていくことをおススメ**します。

毎月10万円ずつ積み立てられるのは非常に大きいですね。教育費が終わったら、その分を老後のための積み立てにまわしたいです。でも、定年以降は、現役世代よりもお給料が少なくなる人が多そうだから、**積立額を増やすことは難しいようにも感じる**のですが……。

給与が減ったとしても、それまでの貯蓄や退職金などがあるなら、そこから少しずつ移しかえていけばよいのです。たとえば、**60歳から退職金をつみたてNISAで積み立てていき、75歳からの老後の後半資金に充てる**という考え方もあります。

なるほど！ **退職金を積み立て投資に充てるというのは盲点**でした！

「積み立ては毎月の給与の一部を充てるもの」という先入観を持つ人は少なくありません。ですが、それは毎月決まった給与が入る現役時代のこと。そうした先入観にとらわれず、**定年後はそれまでの貯蓄や退職金からコツコツ積み立てていけばよい**のです。

60歳から75歳まで積み立てることができれば、老後でも資産運用でお金を増やす可能性が広がるかも。

仮に毎月5万円をつみたてNISAで15年間積み立てていくと、運用する原資は900万円と、まとまった金額になりますよね。**運用成績次第ですが、複利効果によって資金を増やせる可能性もありますし、積立投資による時間分散の効果も働く**ため、大切な老後資金を比較的安定的に投資していくことができるでしょう。

5-11

金融機関選びのポイントは?

iDeCoとつみたてNISAはネット証券の利用がベスト!

- iDeCoもつみたてNISAも1人につき1口座しか選べない
- その差は数万円?! iDeCoは手数料の安さで選ぶ
- つみたてNISAの金融機関選びのポイントは4つ

iDeCoとつみたてNISAを始める場合、どちらも「口座は1人につき1つ」という決まりがあります。なので、金融機関選びはしっかりリサーチしてから決めてください。

選ぶポイントがあれば教えてください。

iDeCoの場合は、「金融機関」「国民年金基金連合会」「事務委託金融機関」の3つに手数料(下図参照)を払う必要があり、金融機関以外への手数料は一律。**金融機関に支払う口座管理手数料は、金融機関によって月0~数百円程度の違いがあります。**

0~数百円ってあまり気にならないのですが……。

一見わずかですが、たとえば、手数料0円と300円で比べると10年

■ iDeCoは口座管理手数料の安さをチェック!

	加入時	運用期間中		
	初期費用	収納手数料	事務委託手数料	口座管理手数料
支払先	国民年金基金連合会		事務委託先金融機関	加入する金融機関
金額	2829円	105円/月	66円/月	0~数百円程度/月

ここをチェック

■ つみたてNISAの金融機関選びのポイントは4つ

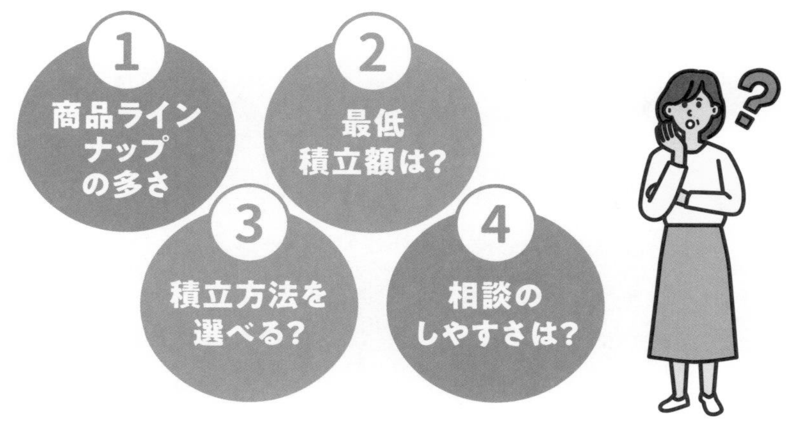

間で3万6000円、15年で5万4000円でチリツモで意外とまとまった金額になります。

確かに、数万円と考えるともったいないですね。

つみたてNISAの場合は、販売手数料、口座管理料は、一律無料ですから、手数料の比較は必要ありません。主なチェックポイントとしては4つあげました(上図参照)。たとえば、金融機関によって扱う商品本数が大きく異なるので、**なるべく扱い本数が多いところや**、最低積立額が100円など少額から選べたり、毎月積立以外に、毎週や毎日、ボーナス月は増額できるなど、**積立方法の自由度が高いといった点も注目のポイントです。**

金融機関といってもさまざまありますが、おススメの金融機関はありますか?

特にネット証券は、iDeCoの手数料の安さや、つみたてNISA商品の取扱い本数が多かったり、積立方法の自由度が高いなどさまざまなサービスが充実しているので、おススメです。ただし、相談するには、原則ネットか電話のみで、対面式での相談窓口はありません。

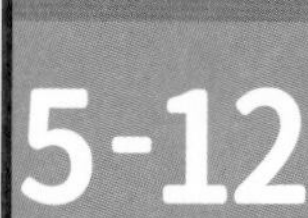

iDeCo の始め方をチェック

5-12 書類提出から1~2カ月と時間が意外とかかる

- 「加入申出書」を入手してから手続きをする
- 会社員の場合は、会社に証明書を書いてもらう必要あり

加入する金融機関を選んだら、iDeCo 口座を開設する手続きをしましょう。

普通に口座開設すればいいというわけではないんですね。

そうなんです。**iDeCo の口座を開設するには、「国民年金基金連合会」の加入審査があるので、必要書類などの提出をします**。まずは、申込書類を、金融機関のホームページなどから取り寄せます。申込書類は、国民年金の被保険者区分(会社員の場合は第２号被保険者)によって異なるので、**取り寄せの際は、被保険者区分の申告が必要**です。

職業や申し込む金融機関によって必要な書類に多少違いがあるものの、原則として「個人型年金加入申出書」「預金口座振替依頼書兼自動払込利用申込書」が必要になります。**会社員や公務員などの第２号被保険者の人は、「事業主の証明書」を勤め先に記入してもらう必要があります**。

会社に書いてもらう書類があるんですね。

はい。総務部などに依頼すれば対応してくれるはずです。証明書が戻ってきたら、必要な書類と共に金融機関へ提出します。

■ iDeCoを始めるまでの流れ

①　iDeCoを始める金融機関から「個人型年金加入申出書」を入手

金融機関のホームページ、コールセンター、店頭窓口などから「個人型年金加入申出書」等を入手。その際、公的年金の「被保険者区分」が必要

②　必要書類を作成し、郵送

必要事項を記入し、本人確認書類等必要な書類を添付し、金融機関へ提出する。会社員などの厚生年金被保険者は、会社に証明書を書いてもらう必要あり（一部の金融機関はオンラインで手続き可能）

「国民年金基金連合会」で加入資格審査を実施
完了まで約1～2カ月が目安

③　加入確認通知書等が届く

加入資格審査完了後、
①国民年金基金連合会から「個人型年金加入確認通知書」
②記録関連運営管理機関または金融機関から
「加入者口座番号、インターネットパスワード等」が届く

iDeCo　の運用を始める

金融機関へ提出した書類は、**金融機関から「国民年金基金連合会」へ送付され「加入資格者審査」にかけられます。この期間が約1～2カ月ほどかかります。**

意外と時間がかかるんですね～。

そうですね。加入審査が完了して、加入可能な人へは、国民年金基金連合会から「個人型年金加入確認通知書」が、記録関連運営管理機関または金融機関から「加入者口座番号、インターネットパスワード、設定のお知らせ」等が届きます。**金融機関以外から必要な書類が届きますので、見逃さないように気をつけて**ください。

5-13 つみたてNISAの始め方をチェック

銀行も証券会社も簡単な手続きで完了する

- ほとんどの金融機関でWeb申し込みが可能
- 本人確認書類とマイナンバー（個人番号）が必要になる

次は、つみたてNISAを始める方法を解説します。

つみたてNISAも加入申出書の申請が必要ですか？

いえ。iDeCoのように、加入申出書を提出する必要はありませんので、**ほとんどの金融機関で、Web上での申し込みができます。**

なるほど〜。簡単なんですね。

たとえばネット証券の場合、総合口座（証券口座）とつみたてNISA口座の開設届と、本人確認の書類、マイナンバー（個人番号）を提出します。Web上ですべて申し込みが完結するのが一般的です。流れとしては、総合口座開設ページで、必要事項を入力し、つみたてNISA口座も同時に申し込む形になっています。本人確認書類等は、撮影した画像をスマホやパソコンからアップロードすれば、申請できます。**ネット証券以外の証券会社もオンラインサービス等を利用することで、Web上で手続きが完了**します。

Webで完結するのは楽ちんでありがたい!

■ つみたてNISAを始めるまでの流れ

① つみたてNISAを始める金融機関に口座を開設する

証券会社の場合 …総合口座（証券口座）、つみたて NISA 口座の申し込みをする

銀行の場合 …投資信託口座、 つみたて NISA 口座の申し込みをする

手続きの際、本人確認書類（運転免許証等）とマイナンバー（個人番号）が必要になる。 ほとんどの金融機関で Web 上で申し込み可

金融機関が税務署へ「非課税適用確認書」の交付を申請する。
完了まで約1～2週間が目安

② つみたてNISA口座完了の通知が届く

税務署からの非課税適用確認書交付後、 金融機関からつみたてNISA 口座開設の案内（ログイン ID、 初期パスワード等）が届く。Web で申し込みをした場合は、 メールにて案内が届く

つみたてNISA の運用を始める

銀行の場合、 普通預金口座を持っていても、 投資信託口座と、つみたて NISA 口座の2つの申し込みが必要です。ネット専業銀行であれば、Web 上で手続きがすべて完結しますし、ネット専業以外の銀行でも、インターネットバンキング等の利用で、Web 上での申し込みができます。はじめて利用する銀行に口座を開く場合は、普通預金口座の開設手続きも必要になります。

申し込みをすると、金融機関が税務署へ「非課税適用確認書」の交付を申請します。申請後、1～2 週間程度で口座開設完了の通知が金融機関から届きます。Web で申し込みした場合は、メールで案内が届きます。

iDeCo と比べて超簡単なんですね。早速、申し込みします！

5-14

保険で老後資金を準備する

老後のお金を年金形式で受け取る「個人年金保険」

CHECK!

- 年金形式で受け取る仕組みでお金の使い込みを防ぐ
- 外貨建ての個人年金保険は、為替相場の影響で元本割れするリスクがある

老後の大切なお金を計画的に使うのは、大前提ですが、数年分に使う予定のお金を1つの口座にまとめておくと、うっかり使い過ぎてしまう心配があるという人はいるでしょう。

確かに。私は、浪費家なのでうっかり使い込みそうです。

そういったことを防ぐために、**お金を年金形式で受け取ることができる「個人年金保険」を利用するという方法もあります。**

個人年金保険とは、どういうものなのでしょうか？

個人年金保険とは、契約時に定めた年齢から年金を受け取ることができる保険です。毎月積み立てる「月払い」と一括で払い込む「一時払い」があり、積み立てた保険料を年金原資として、年金を受け取ることができます。受け取れる年金の種類は主に、「確定年金」と「保証期間付き終身年金」の2つ。確定年金は、5年、10年など期間中に生死を問わず受け取れる(※)もの、保証期間付き終身年金は、保証期間中は生死を問わず受け取れ(※)、その後は生存している限り、一生涯年金を受け取れます。**個人年金保険は、外貨建てで運用する商品もあり、円建てで運用する商品と比べて、利率が高めという特徴があります。**

※保証期間中に、契約者が死亡した場合は残りの保証期間分は遺族などが受け取る

■個人年金の仕組み

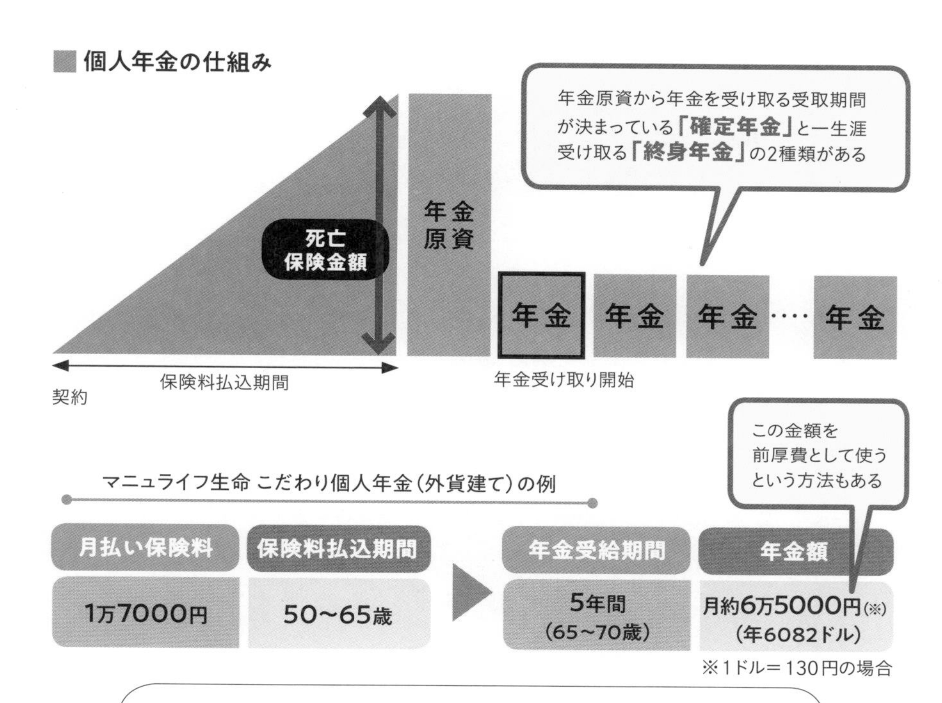

【試算条件】年金額約6000ドル（5年確定年金）
1USドル＝130円、積立利率：年4.47%、契約年齢50歳、保険料65歳
払い済（為替レート、積立利率は例示のまま推移すると仮定した場合）

たとえば、上例のように50〜65歳の15年間に、毎月1万7000円の保険料を支払うと、65〜70歳の5年間に年金として毎月換算で、約6万5000円（※）を受け取ることができます。黄金期の5年間に必要な、前厚費や不定期特別費の補てんなどに使うこともできます。

外貨建ての個人年金保険を利用する場合の注意点はありますか？

払込保険料も受取年金額も為替レートの影響を受けますので、円高が進むと年金額が少なくなることもあります。契約の内容を理解したうえで契約するようにしましょう。また、保険料の払込期間と、年金受取期間がそれぞれ10年以上ある場合は、「個人年金保険料控除」が受けられます。

※1ドル＝130円の場合

column

収入が増えると社会保険料の負担も増える!?

定年退職して現役時代より収入が減ったのに、社会保険料や介護保険料の額が多くて愕然とした、という声をよく耳にします。在職中は会社が半分を負担していたのに、退職後は全額自己負担になるわけですから、驚くのも無理はないことです。

さらに介護保険に至っては、急速な高齢化に伴って今後も支払う保険料が増える傾向にあります。介護保険がスタートした2000年には全国平均で月額2911円だった保険料が、現在では約2倍の6014円に。団塊世代が後期高齢者(75歳)となる2025年には、一気に8165円までアップする見込みです。この数字はあくまで全国平均であり、実際の保険料額は市区町村ごとに異なっており、収入が高い人ほど保険料も高くなります。

企業年金がある人や年金を繰り下げ受給している人などは、収入が増える分、納める保険料も増えるので、老後のマネープランに抜かりのないようご注意を。保険料は本人や世帯の課税状況に応じて異なるので、あらかじめ居住する市区町村のホームページなどで調べておくとよいでしょう。

● 介護保険料は上がり続けている!

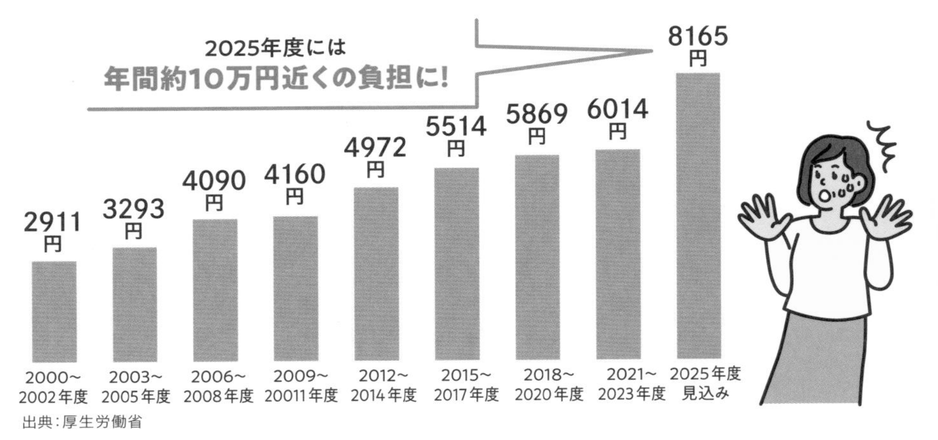

出典:厚生労働省

6章

60歳からの仕事

6-1

定年後はどんな風に働く?

50代のうちから仕事の価値観をシフトチェンジ

- ☑ 自分にとってのやりがいを意識しながら仕事と向き合う
- ☑ 定年後は得意じゃなくても“好きな仕事”を目指してみる

定年後も元気なうちはなるべく働いていきたいと考えている場合、準備しておくことはありますか?

そうですね。定年後も働ける限り少しでもいいから働いていくことで、年金や資産を取り崩すことだけに頼らなくて済むので、お金がどんどん減っていく心配が少なくなります。

そうですよね。それが理想ですね。

そして、お金のためもあるけど、**65歳でいきなり「もう働きません!」となると社会と切り離されてしまうから、気持ち的にもメリハリがなくなって、ぼんやりと過ごすことになりかねません。**

■ シニアライフでの働き方は“やりがい“を意識する

20代~50歳前後		50歳後半以降
昇進する 収入を上げる スキルアップする	→	やりがい

■ 老後は働き方も“自分軸”で考える！

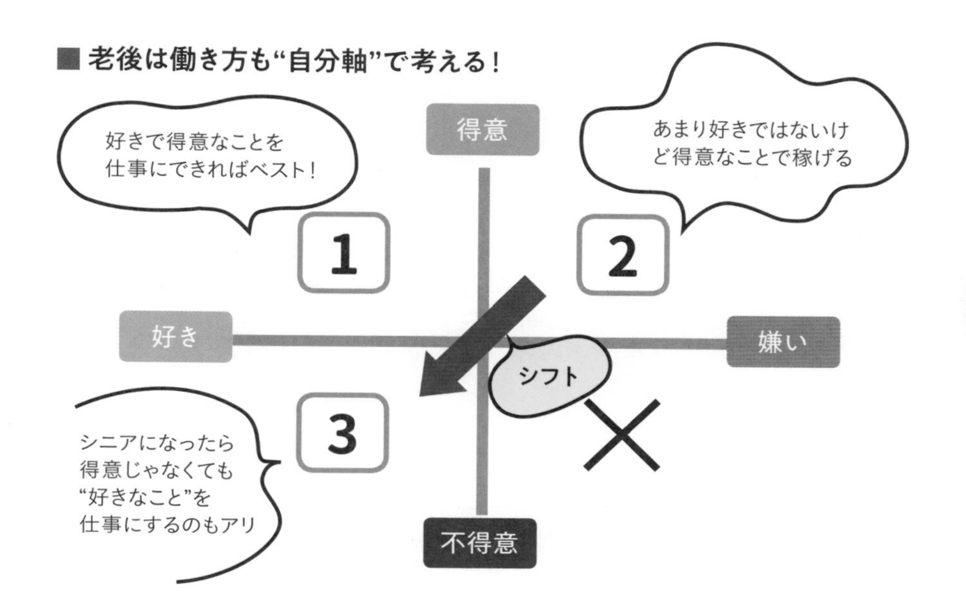

確かに。朝必ず起きなくてもよくなれば、だらだらしてしまうかも。

そこで、**今のうちから定年後は、「何のために、どんな風に、どのくらい働くのか」を計画**しておいてほしいです。たとえば、お金がまだまだ不安だから、ある程度稼ぎたいと思ったら、毎日フルタイムで働く必要があるかもしれません。ですが、自分の希望に応じた場所で働けるかどうかはわからないですよね。そこで、**今までのキャリアを棚卸しして、自分のウリを見つけておくこと**で、定年後の仕事選びの力になるはずです。また、学び直して、キャリアアップを図るという方法もあります（P166参照）。継続雇用になる場合でも同じ、自分のスキルを明確に提示できれば、給与や雇用条件の交渉がスムーズにいくかもしれません。

そうですね！ **歳をとっても求められる人材でありたい!**

定年後は、**少しだけ稼げればいいというなら、現役時代にはできなかった、好きなことを仕事にするチャレンジ**をしてみてもいいかもしれません。

50代後半から60歳以降の仕事を考える

6-2 定年後にできる・やりたい仕事を具体的にイメージしよう

CHECK!

- 今から定年後に向けて働き方の姿勢を変えていく
- 得意なこと・好きなことをフックに60歳以降の仕事をイメージする

もし、定年後に自分が得意なことや好きなことを仕事にしようと思ったら、どんな風に準備しておくといいですか？

50代後半から、定年後を見据えた働き方に変えていけるように、働き方の姿勢を変えていくようにしてください。

働き方の姿勢？　どんな風に変えていけばよいのでしょう。

たとえば、55歳で役職定年を迎えた後は、上司として部下を引っ張っていくという立場から、今まで培った経験を後輩へ引き継ぎ、プロジェクトやチームの人たちを支えるサポーター的な役割を担うというのがいいかもしれません。

リーダーとしての立場から、一歩下がってみんなを支える縁の下の力持ち的な役割になるということですね。

そうです。そうやって、周りの人たちに貢献しておくことで、継続雇用になっても働きやすい環境作りができると思います。会社員のうちに外部の人脈を作っておけば、定年後の仕事につながるかもしれません。そして、60歳を過ぎてからは、さらにその先、65歳以降の働き方をイメージしておきましょう。

■ 50代後半以降の仕事のプラン（書き込み例）

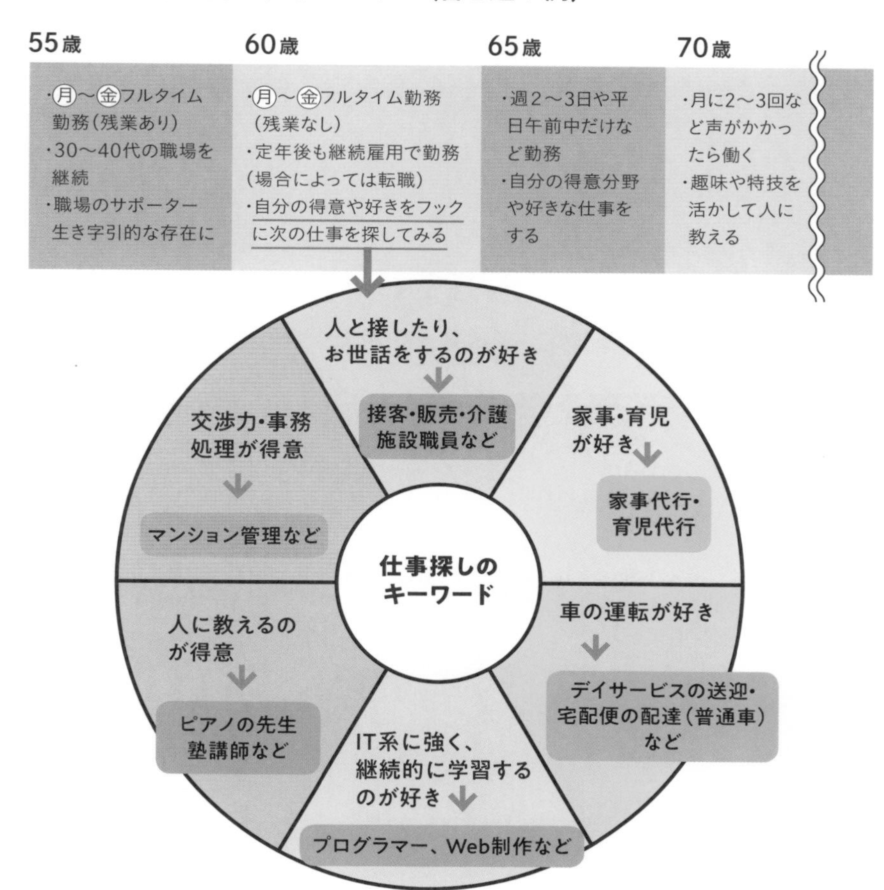

どんな風にイメージしておくといいでしょうか？

ここで、自分の得意なことや好きなことをフックに仕事を考えてみてください。たとえば、人と接したり、お世話をするのが好きなら、接客や介護施設職員、家事・育児が好きな人は家事代行など。また、IT系に強いなら、プログラマーやWeb制作なども考えられます。**65、70と年齢が上がっていくと、フルタイムで働くのは厳しくなるかもしれませんから、自分の好きを仕事にしながら無理のない範囲で働いていく**ほうがよいかもしれません。

6-3 雇用保険を利用する

「教育訓練給付制度」でお金をもらって定年後も求められる人材へ

- 受講料の20~70%の給付が受けられるおトクな制度
- 自分に合った訓練でキャリアアップ・キャリアチェンジ

最近、「リカレント」「リスキリング」という言葉をよく耳にしますが、社会人の学び直しと聞きました、定年後の働き方にも何か活用することができるのでしょうか？

いい着眼点ですね！　リカレント教育は、社会に出てから、自分が必要なタイミングで再び学び直すことなので、今から始めることで、**定年後のキャリアアップやキャリアチェンジのチャンスにつながる可能性があります。**

学び直すなら、学校へ通ったり、講座を受ける必要があるからお金がかかりますよね。老後資金はできれば減らしたくないのですが……。

■ 「教育訓練給付制度」で受けられる給付は？

	専門実践教育訓練給付	特定一般教育訓練給付	一般教育訓練給付
訓練の種類	中期的キャリア形成に役立つ訓練が対象	速やかな再就職・早期のキャリア形成に役立つ訓練が対象	雇用の安定・就職の促進に役立つ教育訓練が対象
給付内容	受講費用の**50%**（上限40万円/年・最長4年）受講修了後1年以内に資格取得し雇用された場合、受講費用の**20%**（上限16万円／年）を追加支給	受講費用の**40%**（上限20万円）を支給	受講費用の**20%**（上限10万円）を支給

■ 教育訓練給付制度で受けられる資格・講座例

専門実践教育訓練給付
- ・理学療法士・保育士
- ・介護福祉士(実務者養成研修含む)
- ・キャリアコンサルタント

特定一般教育訓練給付
- ・Oracle 認定資格(ITSS レベル2)
- ・行政書士・社会保険労務士
- ・介護職員初任者研修

一般教育訓練給付
- ・簿記検定試験(日商簿記)
- ・実用英語技能検定、TOEIC
- ・Web クリエイター能力認定試験
- ・IT パスポート試験対策講座

出典:厚労省ホームページ「教育訓練給付制度　国から支援を受けられる主な資格・講座リスト」

そこで、活用してほしいのは、「教育訓練給付制度」です。この制度は、国が人生100年時代を見据えて手に職となるスキルを身につけたい、新しいキャリアを習得したい人をサポートするもので、雇用保険の被保険者(離職後1年以内まで)が利用できます。給付の条件は、**対象となる講座を受講し、資格を取得するなどで、受講費用の一定割合を給付してくれるというもの**です。支給額は受講する講座内容によって異なります(左ページ表参照)。

対象となる教育訓練は約1万4000講座。オンラインや夜間、土日に受講できるものもあります。たとえば、「社会福祉士」の資格取得講座の場合、「専門実践教育訓練給付」を受けられます。給付額は、受講修了後、資格を取得し就職が決まると、最大年56万円(受講費用の70%)。**「専門実践教育訓練給付」と、「特定一般教育訓練給付」は、受講開始の1カ月前まで、「一般教育訓練給付」は修了日翌日から1カ月以内に手続きが必要になります。**受給資格の有無や給付条件、手続きについては、居住地のハローワークで確認するようにしてください。

失業中でなく、在職中でもいいんですね。**資格が取れて、給付も受けられるなんて、一石二鳥の制度**ですね。

ハローワークを利用する

ハロートレーニングで仕事に役立つ技術を習得

- ☑ 面接・筆記試験をパスすれば無料で訓練を受けられる
- ☑ 訓練修了後は就職サポートも受けられる

ハローワークでも職探しに役立つ職業訓練が受けられます。

職業訓練とは、どんなものが受けられるのでしょうか？

ハロートレーニング（公共職業訓練・求職者支援訓練）といい、職探しをしている人を対象とした無料（※）の職業訓練制度です。

無料で！　どんな人が対象ですか？

原則、仕事を探している意思があれば受けることができ、**失業給付を受給している人を対象とした「公共職業訓練」と失業給付を受給していない人を対象とした「求職者支援訓練」の2つ**があります。公共職業訓練は、国や自治体が運営している公共訓練校や委託された訓練校が実施していて、求職者職業訓練は、民間の企業やNPO法人、学校などで実施しています。

※テキスト代は自己負担

■ ハロートレーニング受講の流れ

■ハロートレーニングで学べる講座は？（一例）

	訓練コース名	期間	就職を想定する職業・職種
公共職業訓練	**Web動画クリエイター科**	**24カ月**	Web サイト制作、DTP 関連会社など
公共職業訓練	**ホテル・レストランサービス科**	**6カ月**	ホテル、レストランフロントなど
公共職業訓練	**電気技術科**	**24カ月**	電気工事、保守など
求職者支援訓練	**会計事務科**	**4カ月**	経理、会計事務など
求職者支援訓練	**介護福祉士実務者研修養成科**	**6カ月**	訪問介護職、施設介護員など
求職者支援訓練	**食育指導員養成科**	**6カ月**	食品関連企業の製造生産、調理補助など

どうやって申し込むことができますか？

この制度は、ハローワークに**訓練の必要性があると認められることが必要になります。**申請の流れとしては、ハローワークに求職申し込み・求職相談をしてから、受講の申し込みをします。面接・筆記試験等を受けて、合格すれば訓練が開始されます。**訓練が修了した後は、ハローワークが、学んだ内容を活かせる企業への就職サポートをしてくれます。**

無料で受講できて、就職もサポートしてくれるなんて頼もしいです。どんな訓練を受けられますか？

事務系（経理、簿記、医療）、IT 系（プログラミング、Web 制作）、福祉（保育士、介護福祉士）などさまざまなジャンルがあります。公共職業訓練と求職者支援訓練では受けられる訓練内容が異なり、訓練期間も数カ月から6カ月程度である求職者支援訓練に対し、公共職業訓練は、数カ月から２年と長期にわたるものがあります。自分が**挑戦したい分野だけでなく、シニア世代の就職に有利な訓練を受けるという選び方もあるかと思いますので、ハローワークでしっかり相談して決める**とよいでしょう。

6-5

副業で月3万円のプチ稼ぎを目指す

副業の種類を理解して自分に合った仕事を見つける

- 長く働ける仕事を見つけるために副業にチャレンジしてみる
- 自分の本業や趣味を活かした副業を探してみる

今のうちから、**副業をして定年後の仕事を見つけておくという方法もあります**。副業 OK の会社も増えていますから。

副業ですか？　自転車で食事を配達するとか、フリマアプリで物を売るとかでしょうか。

そうですね。副業と聞くとアフィリエイトやフリマアプリやネットオークションなどが思い浮かびますが、その他にもさまざまな副業があります。たとえば、インターネットを使う場合は、ネットショップを自分で開いて物を売ることや、趣味の情報を発信して YouTube で広告収入を得るなどもあります。**好きなことがあるなら、今からコツコツ始めて少しずつ稼げるようにしておく**という方法もあるかもしれません。

好きなことを副業にできればうれしいですね。

ある程度のスキルがあるなら、得意分野のスキルを登録して、そこから仕事を受注する形の仕事仲介サイトに登録して、仕事を受ける方法もあります。右ページに代表的なサイトを紹介しています。**IT 系の専門職や経理、マーケティングなどのスキルを活かして、仕事の合間にプチ稼ぎする**ことができます。

■副業は仲介サイトを利用してクライアント探す

ココナラ

URL：https://coconala.com/

特徴 自分のスキルをサイトに出品という形で登録する。サービスを利用したい人が、内容、金額、納品、作品例等を選んで購入する形で、契約となる。「制作・ビジネス系」以外に「相談・プライベート系」といった生活密着型の仕事もある

ランサーズ

URL：https://www.lancers.jp/

特徴 サイトに掲載されている仕事に対して、仕事を受けられる人がその仕事に応募。依頼者に選ばれれば契約が確定する。登録者は仕事の受注数などにより4つのランクに分かれ、ランクが上がるとクライアントから直接依頼がくる場合もある

クラウドワークス

URL：https://crowdworks.jp/

特徴 85万社のクライアントと528万人のクラウドワーカーが登録している日本最大級の仕事のマッチングサイト。サイトに掲載されている仕事に対して、仕事を受けられる人が応募し、依頼者と条件の合意があれば契約へ進む。簡単な単純作業や、アンケート回答など特別なスキルを必要としない仕事もあり、初心者でも比較的仕事を受けやすい

専門職じゃないと仕事仲介サイトは厳しそうな気がするのですが、 他にプチ稼ぎの方法はありますか？

覆面調査や写真撮影などスキマ時間を使って、**家の近くや在宅で少しだけ働くプチ副業**もあります。年齢制限がない場合もありますので、できそうな仕事がないか探してみてください。また、定年後に働くことは、お金のためだけでなく、 体を動かすことや人と関わることも大事にしたいという人もいるでしょう。そういった場合は、**地域に根差した働き方をするというのも1つの方法**だと思います。**自分がどんな働き方が向いているのかを定年前から少しずつ試してみる**ことで、長く働ける仕事を見つけられるかもしれません。

6-6

社会貢献になる働き方

地域に貢献しながら自分のペースで緩く働く

- シルバー人材センターに登録して仕事を探す
- 社会福祉協議会では福祉分野が中心

家の近くで働きたいという人も多いと思うのですが、別の方法はありますか？

60歳以上の働く意欲のある人に仕事を紹介してくれる仕組みがあります。

詳しく聞きたいです！

「シルバー人材センター」へ登録して働くことです。シルバー人材センターは、高齢者が長年の知識、経験を活かし、働くことを通じて生きがいを得るとともに、地域社会の福祉と活性化に貢献する組織。全国の市区町村単位にあり、主に公益社団法人が運営しています。**企業や一般家庭、官公庁から発注された仕事をセンターが会員に依頼する仕組み。業務が完了すると発注者からセンターに支払われた料金の一部が会員に分配金として支払われます**。その他派遣、職業紹介という仕組みもあり、その場合は、業務の指示は直接発注者から行われ、賃金は、派遣の場合は派遣元事業主から、職業紹介は発注者から支払われます。**業務内容は、経理補助やデータ入力などの事務、スーパーなどでの商品の品出しや店内清掃。保育、介護などの補助業務**など。また、**公園の草むしりや学校公務員業務など官公庁の仕事**もあります。

■ シルバー人材センターの仕組み

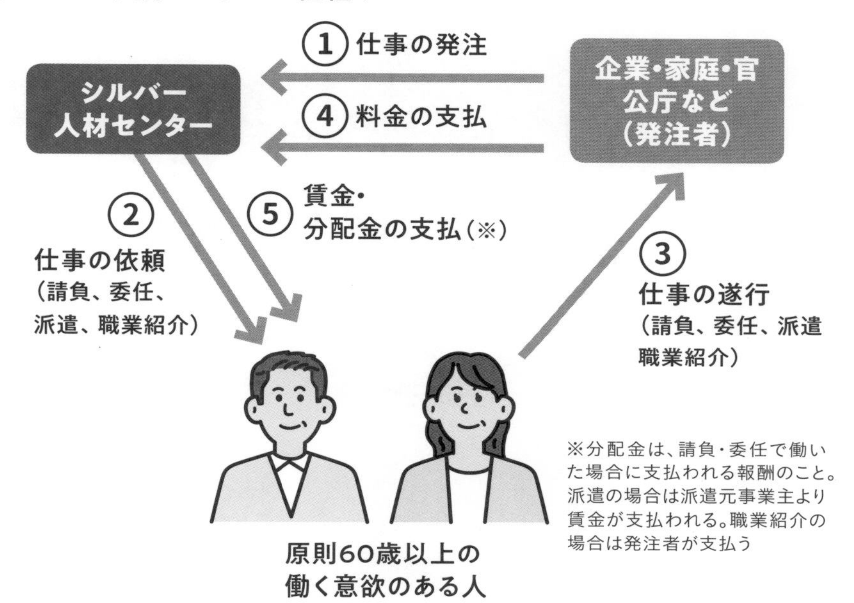

※分配金は、請負・委任で働いた場合に支払われる報酬のこと。派遣の場合は派遣元事業主より賃金が支払われる。職業紹介の場合は発注者が支払う

地域の役に立ちながら、少しだけお金をもらえるのは、よい働き方ですね。

また、収入を得ることより、社会福祉協議会で地域に貢献することを重視する働き方もあります。

社会福祉協議会ですか。どんなことができるのですか？

社会福祉協議会は、住民、民生委員、町会、自治体、ボランティア団体、地域包括支援センターなどと連携しながら、ボランティア活動や福祉サービスの実施など、地域の困りごとを住民が協力しながら解決する組織で、都道府県、市区町村ごとに設置されています。その活動のお手伝いをする形で報酬も出ます。ボランティア活動は、原則無料なのですが、**高齢者や障がい者の家事や介護サービスを提供する「住民参加型在宅福祉サービス」**では、**家事援助や介護サポートなどをすることで、報酬を受け取ること**ができます。

6-7

副業時の注意点

年20万円以上利益があると確定申告が必要になる

- **利益は売上から経費を差し引いた金額**
- **必要な確定申告を怠るとペナルティが科される**

会社員の場合、もし副業で利益が大きく出た場合、注意すべきことがあります。

注意すべき点ですね。教えてください！

もしも、**副業の収入が年間20万円を超えると、確定申告が必要**になります。

20万円ですか。頑張って副業した場合ですね。

会社員の場合、確定申告が必要になる条件は、①給与の年間収入が2000万円を超える人②1カ所から給与の支払いを受けていて、給与所得、退職所得以外の所得の合計が20万円を超える人③2カ所以上から給与の支払いを受けていて、給与の全部が年末調整の対象となる場合、年末調整されなかった給与所得の収入金額と給与所得、退職所得以外の所得が20万円を超える人のどれかに該当した場合。副業がコンビニなどでアルバイトとして給与をもらっている場合は③が、給与として収入を得る形以外の副業の場合は②が当てはまるので確定申告が必要になります。

20万円超えたら確定申告と覚えておくようにします。

■ 副業で確定申告が必要な条件は？

副業で経費になるもの（例）

【物を販売している場合】

・販売する商品に関する費用（仕入れ代、発送費用など）
・広告費（ネットやチラシに掲載した広告費など）

【仲介サイトで仕事をした場合】

・仕事に関する道具、備品（パソコン、作業机、カメラなど）

【業種にかかわらず共通】

・仕事に関する備品（文房具、仕事に関する資料など）
・通信費（仕事用で使っている携帯料金など）

副業が、会社から給与を受け取る形では、収入から経費を引くことはできませんが、**それ以外の副業の場合、収入から必要経費を差し引くことができます。**

そうなんですね。どんなものが必要経費になるのでしょうか。

たとえば、ネットショップで商品を売るためにかかった経費、仕入れ代や広告費など。また、仲介サイトで仕事を受けた場合では、必要になった仕事の道具や備品を経費で落とすことができます。かかった経費は、購入時の領収書やクレジットカードで支払った履歴などの証明が必要です。ただし、スマートフォンやパソコンなどの購入費は、プライベートでも利用していると、100％経費にすることはできないので、プライベートの比率を考慮して申告を。**確定申告の必要があるのに怠ると、延滞税や無申告加算税など罰金を支払う**ことにもなりかねません。

それは困ります！　でも自分だけではよくわからないかも。

税務署の窓口で確定申告の相談を無料で受けられますので、心配な人は、住所地の税務署に相談してみてください。

自分の会社を立ち上げる

6-8 定年後は起業して自分のキャリアを活かす

- ☑ キャリアの棚卸しをして起業の種を探す
- ☑ 事業計画書を作って事業が可能かどうか検討する

定年後の働き方として「起業」するという方法もあります。

起業ですか……。なんだかハードルが高そうです。

そうですね。起業するとしたら、自分の資金を持ち出さないといけないかもしれませんので、リスクがつきものです。**自分がどうして事業を始めたいのかしっかり確認すること**から始めましょう。

具体的にはどうしたらいいのでしょうか?

まずは、**「事業計画書」を作ってみる**ことから。**事業計画書とは、事業内容や戦略、収益見込みなどを説明するための資料**で、事業の立ち上げや継続時に足りない資金を借りる際に必要となります。**事業を客観的に見て、事業として成り立つか否かを判断できる**ため、第三者にアドバイスを受ける場合の資料にもなります。

どんなことを書けばいいのでしょうか?

右ページにおおよその内容をまとめました。

■ 事業計画書に必要な主な項目

項目	内容
起業の動機・目的	事業を通して実現したいこと
事業内容	サービス・商品など事業で扱う内容
顧客・ターゲット	具体的な顧客像を考える
市場の状況	市場の規模、競合の状況、市場の継続性・持続性
事業の強み	類似サービス・商品との違い・優れている点
課題・リスク	事業に起因するリスクなど
人脈・人材	起業にあたり支援してくれそうな人
資金	事業を行うための資金調達法の確認（自己資金、借入先など）
事業形態	法人・個人事業主など事業計画に合った形態を考える

起業の動機や目的、事業を通じて実現したいことは何か、扱うサービスや商品の具体的な解説。また、そのサービスを利用する人はどんな人なのか、市場規模や、競合の状況確認も大切です。資金が必要になるなら、資金援助やビジネスパートナーとなってくれる人がいるのかを確認することも重要。**自治体によって、無担保、低金利で資金を融資してくれる制度や補助金を受けられる制度など起業をサポートしてくれる仕組みがある**ので、確認してみるといいでしょう。

わかりました。でもやっぱり難しそうです。

そうですね。定年後も、現在の会社や仕事のつながりなどで、**「アウトソーシング」の形で仕事を受注できそうなど目処が立っている場合は、「個人事業主」から始める**という方法もあります。

50代に人気の講座ランキングをチェック

人生100年時代、定年とはいえ60代はまだまだ働き盛りですから、セカンドライフを見据えて資格取得を目指す人も多いようです。

定年後の職探しにどんな資格が役立つのか気になるところですが、生涯学習ユーキャンで50代に人気の講座ランキングの上位10位に入っている講座を見てみると、「登録販売者」、「調剤薬局事務」、「介護事務」、「医療事務」と医療や介護に関わる資格が数多くランクインしています。この業種は常に人材不足で需要が高く、全国どこへ行っても仕事が見つけやすいのが魅力です。「ファイナンシャルプランナー（FP）」は税金・保険・年金など、お金の知識が身につく資格。職探しのためはもちろん、節約から投資、相続の知識まで学べるので、自身のライフプラン形成にも役立つ一石二鳥の資格といえます。また、「子ども発達障がい支援アドバイザー」や「心理カウンセリング」など、人を直接サポートできるスキルが身につく講座も人気が高いようです。

● 50代に人気の講座は？

順位	講座	内容
1位	子ども発達障がい支援アドバイザー	発達障がいへの理解を深め、適切なサポートができる
2位	登録販売者	ドラッグストアなどで一般用医薬品が販売できる資格
3位	調剤薬局事務	調剤薬局の窓口での会計やレセプト作成を行う仕事
4位	ファイナンシャルプランナー（FP）	税金・保険・年金など、身近なお金のエキスパート
5位	心理カウンセリング	相談者の心の悩みや問題に向き合い、心理的な支援を行う
6位	リンパケア	むくみ改善など美容や健康への効果が期待できる方法を学ぶ
7位	食生活アドバイザー®	食の知識を身に付けたスペシャリスト
8位	介護事務	ケアマネジャーのサポートや介護保険の請求業務を行う
9位	宅地建物取引士（宅建士）	土地や建物など不動産取引業務に必要な資格
10位	医療事務	病院などで受付やレセプト作成を行う仕事

※2022年1月〜11月のユーキャンホームページでの案内資料請求数によるランキング

7章

「前厚」の不安を解消する医療と介護のお金

7-1

定年後の医療費①

70歳、75歳で公的医療の負担額は変化していく

- 70歳を過ぎると自己負担割合は3割→2割へ
- 収入が高い人は3割負担のままなことも
- 高齢になるほど入院日数が長引く傾向に

70歳を超えると病気のリスクも高くなりますし、前厚でお金を使ってしまうと、いざというときの医療費が心配です。

みなさん、そこが一番心配されている点だと思います。医療費は公的制度で賄える部分もあるので、その点を理解して、不足しそうな部分を準備しておく必要があります。**医療費の自己負担割合は、原則60～69歳が3割負担、70～74歳が2割負担、75歳以上は1割負担と年齢が上がるほど負担が少なくなります。ただし、収入が多い人の場合は、必ず負担が減るとは限らない**んです。

それは大変。**収入が多い場合ってどのくらい**ですか？

右ページ上の表に、定年後の医療費の自己負担割合をまとめました。70歳以上の人が1人の世帯では年収383万円以上、もしくは、2人以上世帯で520万円以上だと3割負担になります。たとえば、企業年金を受け取っていたり、年金を繰り下げして増やしているなどで収入が上がると3割になる可能性がゼロではありません。

自己負担額が増えるとその分医療費がかかるから要注意ですね。

■ 定年後の医療費の自己負担割合

60〜69歳	すべての人が3割負担		
70〜74歳	**2割負担** 年収383万円未満(1人世帯)・ 年収520万円未満(2人以上世帯)		**3割負担** (現役並み) 年収383万円以上 (1人世帯) 年収520万円以上 (2人以上世帯)
75歳以上	1割負担	**2割負担** (一定以上の所得がある人) 住民税課税所得28万円以上で、 年収200万円以上383万円未満 (1人世帯) 年収320万円以上520万円未満 (2人以上世帯)	

■ 年齢を重ねるほど入院日数は長くなる傾向に

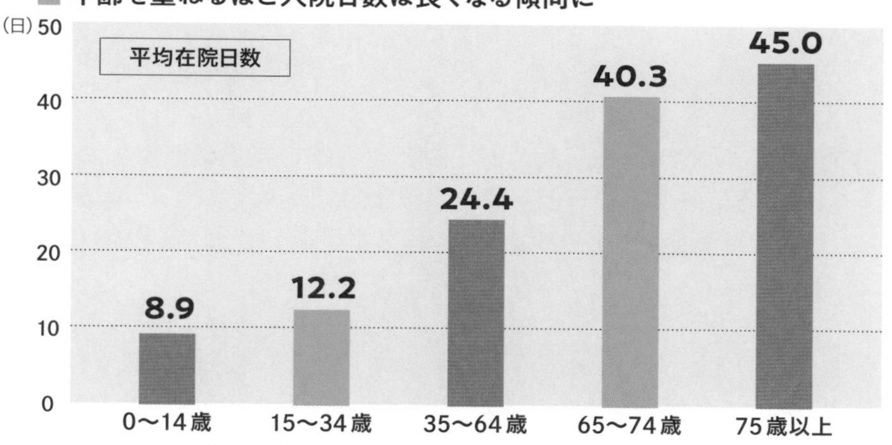

出典:厚生労働省「2020年 患者調査の概況　傷病分類別にみた年齢階級別退院患者の平均在院日数」

また、**上のグラフの通り、高齢になると入院する機会が増えるだけでなく、入院期間が長くなる傾向にあります。**

75歳以上の平均在院日数は45日かぁ。たしかに長い……。

入院期間が長引くと、食事代、差額ベッド代、家族の交通費など、治療費以外の費用もかさみます。そのため、万一の医療費への備えは欠かせませんね。

7-2

定年後の医療費②

公的医療費の負担が減っても その他にかかる雑費が上がる

- ☑ 治療費以外にもかかるお金を知っておく
- ☑ 高額な医療費は公的制度を使えば取り戻せる

医療費の自己負担割合が少なくなっても、多額の医療費がかかったら、自己負担額はやはり高額になってしまいますよね？ 100万円の医療費なら、1割でも10万円ですからね。

そうとも限りません。**医療費の自己負担額には上限があり、ひと月にかかった医療費が自己負担限度額を超えた場合、「高額療養費制度」を利用することで、超えた金額分が払い戻されるからです。**

なるほど。高額な医療費の一部は返ってくるんですね。医療費の自己負担限度額とは、具体的にはどのくらいなのでしょうか？

70歳以上の医療費の自己負担限度額は、所得水準によって変わります。たとえば、公的年金のみで暮らしている**「一般所得者（年収156万～約370万円）」の場合には、入院と外来で5万7600円、外来のみで1万8000円**となります。その金額を超えた場合には、超過分が後日払い戻されるわけです。

それなら、高額な医療費が発生したとしても安心ですね。でも、超過分が後日払い戻されるということは、いったんは高額な医療費を自費で立て替えなければいけないのですよね？

■ 医療費はどのくらい自分が負担する？

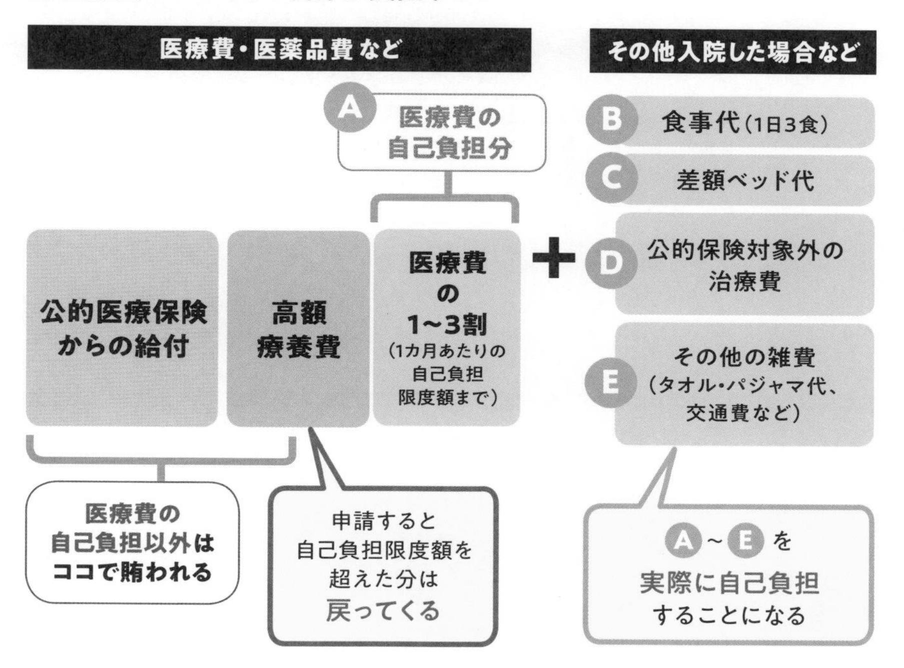

基本的にはそうです。しかし、**住んでいる市区町村の窓口で「限度額適用認定証」をもらっておけば、病院でそれを提示することで、自己負担限度額のみの支払いで済みます**。急な入院の際などに高額な立て替えで苦しまないためにも、あらかじめ限度額適用認定証を入手しておくことをおススメします。

限度額適用認定証ですね。わかりました。

ただし、前ページでお伝えしたように、病気になって発生する費用は医療費だけではありません。長期の入院となると、食事代や差額ベッド代、その他の雑費など、治療費以外の出費も少なくありません。また、**公的保険対象外の先進医療などを受けた場合、高額な医療費が自費になることもあります**。預貯金の他に、医療保険やがん保険などでの備えがあると安心です。

7-3

自分の介護を考える

誰もが介護いらずとは限らない 介護の必要性が高まる年齢は？

CHECK!

- ☑ 80歳を過ぎると介護の可能性が高まる
- ☑ 介護はいつまで続くか予測がつかない。平均年数は約5年

前厚の楽しい時期はいいですが、後半は、介護についても真剣に考えなくてはいけない時期に突入しますよね。

超高齢化社会になった現在、介護は誰にとっても身近な問題です。理想はいつまでも楽しく健康に生きることですが、右ページ上のグラフの通り、現実には、80歳を過ぎると介護が必要な人の割合が大きく増えます。さらに、**85歳以上になると約6割の人が要支援・要介護になります。70代の後半あたりから介護費が必要になることを想定して、介護のお金を準備しておく**必要があります。

介護にかかる費用はどのくらいなのでしょうか？

ある調査によれば、**在宅介護の場合には平均月4.8万円、施設介護の場合には平均月12.2万円です**。また、**介護スタート時の初期費用（リフォーム料金や車いすなどの介護用品の料金）は平均74万円**となります。ただし、これはあくまで平均で、場合によってはさらに多額の出費が必要となるケースも。ちなみに、介護の平均期間は5年1カ月となっています。

在宅介護でも**5年程度で約300万円**かぁ。さらに、初期費用がかかると思うと、介護費用への備えは必須ですね。

■ 80歳を過ぎると介護が必要な人の割合が高くなる

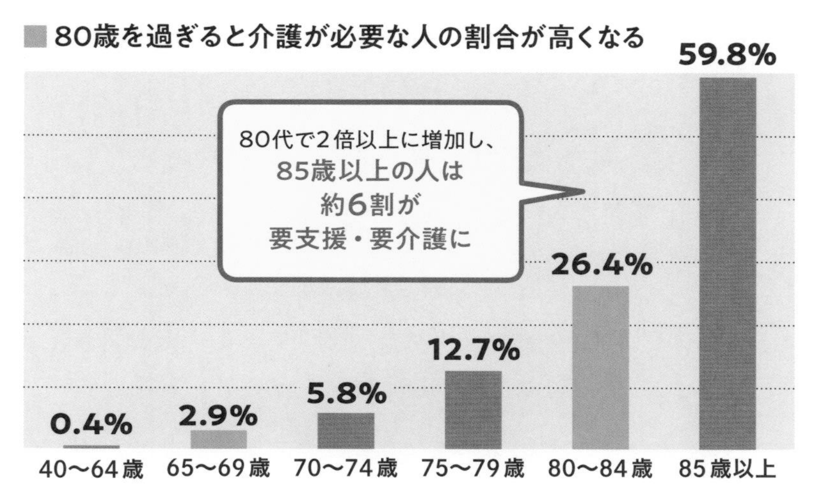

出典：生命保険文化センターHPより。厚生労働省「介護給付費等実態統計月報」、総務省「人口推計月報」各2021年10月のデータを基に作成

■ 介護のお金はどのくらいかかる？

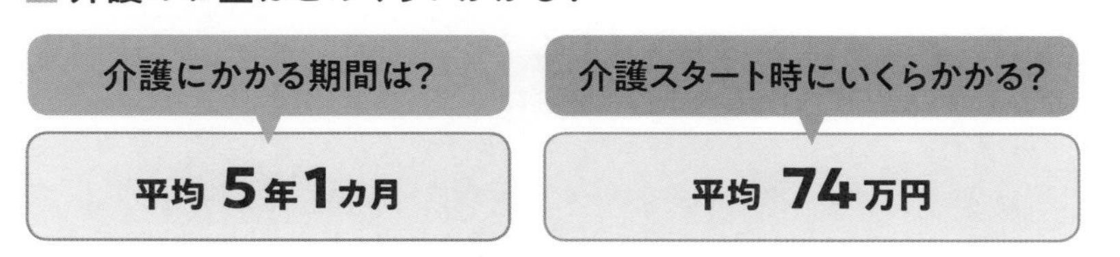

毎月かかる介護費は？

在宅介護：平均 4.8万円
施設介護：平均 12.2万円

出典：生命保険文化センター「2021年度版 生命保障に関する全国実態調査」

実際、急に倒れて要介護状態になることもあるので、**地域の介護情報や手配を集約している「地域包括センター」に顔を出してガイドブックなど**をもらうといいですね。介護にかかるお金は、あらかじめ別枠で取っておきましょう。**貯蓄以外にも生命保険の解約返戻金やiDeCoで積み立てたお金を活用するなど、いざというときのお金を捻出する手段はいろいろあります。**

7-4 介護が必要になっても自宅で暮らす

在宅で受けられる介護サービスを理解しておく

- ☑ 在宅介護の基本は家で受けられる介護と通う介護の2つ
- ☑ 日常的なケアと医療的ケアが受けられる

自分らしい生活を続けるために、**できる限り自宅で頑張りたいです。在宅で受けられる介護サービスはどんなものですか?**

自宅で受けられるサービスは、わかりやすく説明すると**「日常的なケア」と「医療的なケア」**に大別できます。

日常的と医療的？　どんな風に違うのですか？

日常的ケアは、主に「訪問介護」「訪問入浴」の2つ。訪問介護は、食事やトイレの介助、家事全般を支援する生活サポートです。訪問入浴は、移動式の浴槽で入浴介助を受けるもの。ホームヘルパー（訪問介護員）や介護福祉士などのスタッフが対応してくれます。

なるほど。身の回りのお世話全般ですね。

医療的ケアは、「訪問看護」「訪問リハビリ」の2つ。訪問看護は、看護師による医療的なケアを受けられるもの。血圧・体温測定による健康管理、点滴や注射といった医療行為を行います。訪問リハビリでは、理学療法士、作業療法士などによる身体機能の回復などのリハビリを受けることができます。

自宅で受けられるサービス

日常的ケア	訪問介護	食事、入浴、トイレなどの身体的な介助。家事などの生活支援が受けられる
	訪問入浴	特殊浴槽を自宅へ運んでもらい入浴の介助を受けることができる
医療的ケア	訪問看護	血圧・脈拍・体温の確認や、点滴・注射などの医療的なケアが受けられる
	訪問リハビリ	心身の機能回復・維持をはかり、自立するためのリハビリを受けられる

施設に通って受けられるサービス

デイサービス	食事・トイレ・入浴の介助など日常のケアを受けられる。レクリエーション活動もある
デイケア	医師や看護師、リハビリ専門職員のリハビリテーションを受けられる

その他に在宅介護には、**「デイサービス」や「デイケア」といった、介護される人が施設に出向く「通所系」のサービス**もあります。

聞いたことがあります！　具体的にはどんなサービスが受けられるのでしょうか。

どちらも、自宅までお迎えの車がやってきて、日中は施設内で介護を受けるというものです。**デイサービスは、入浴や食事に加えて、趣味活動や運動を行う**もので、身体機能の低下を防ぐことや他の人と交流することを目的としています。デイケアは、**脳疾患やケガなどで機能が低下した人が利用できる施設**で、リハビリや自立支援を行います。日中自宅以外に出かけていくことで、人との交流ができたり、気分転換になるほか、介護している家族のサポートにもなります。

7-5

家族のサポートが受けられない場合は?

プロのサービスを徹底的に活用する

CHECK!

- ☑ 食事は主に宅配サービスを使う
- ☑ 在宅と通所サービスを組み合わせて活用

支えてくれる家族がいれば、介護が必要だとしても在宅介護が可能ですが、ひとり暮らしの場合は厳しいですか?

いえ、必ずしもそうとは限りません。要介護度が低いうちであれば、プロの手を借りることで、ひとりでも暮らしていくことはできると思います。右ページの表は、要介護1でひとり暮らしをしている人がどんな介護サービスが利用できるのかの一例です。

訪問介護やデイケア、デイサービス、配食サービスなどいろいろ組み合わせていけば、快適に暮らしていけそう。でも、サービスをたくさん使うとその分費用も増えていきますよね……。

そうですね。ただ、私たちは40歳から介護保険料を支払っていますから、全額を自己負担するわけではありません。**要介護認定されれば公的介護保険を使えるので、介護サービス費の負担額は、所得に応じて実際にかかった費用の1~3割となります**。支給限度額は要介護度によって決まっていて、要介護度が高いほど限度額も高くなっていきます。たとえば、**要介護1の場合、支給限度額は月16万7650円、要介護2の場合は19万7050円までのサービス費を1~3割の負担で利用できます**。この例の自己負担額は、月額約3400円です。

■ 在宅介護サービスの利用例（要介護1・78歳ひとり暮らし・介護サービス費自己負担１割）

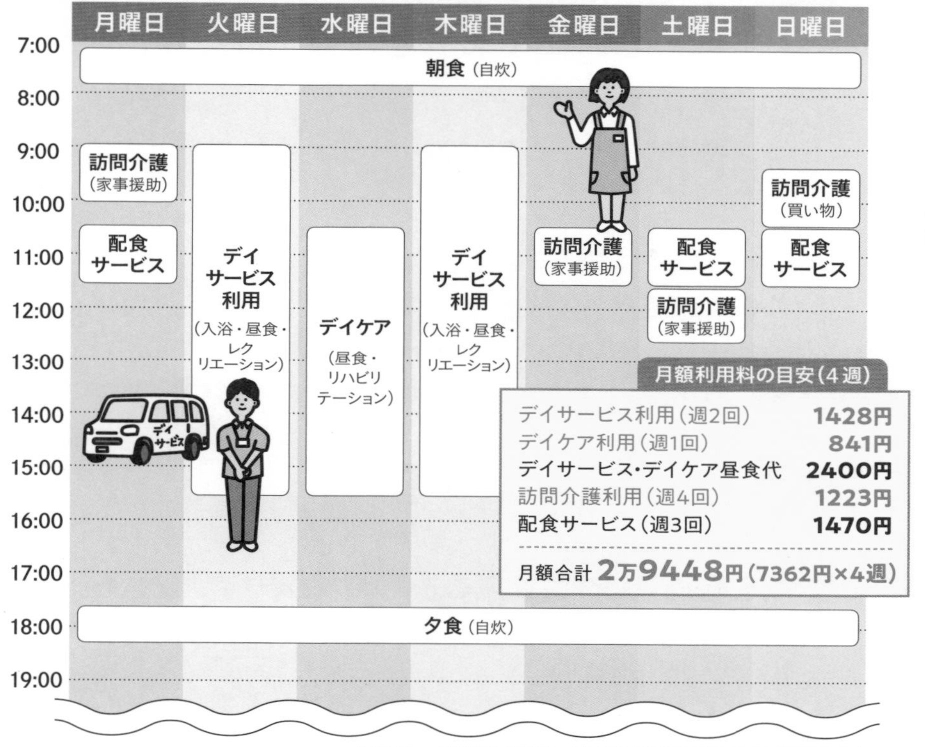

※介護サービス利用・配食サービスの費用は東京都中央区の費用から算出

なるほど。医療費負担が３割なのと同じ仕組みですね。

そうです。ただし、利用する介護サービスによっては、介護保険の対象とはならず、全額自己負担となるものもあります。

そうなんですか！　具体的にはどんなものですか？

この例の場合だと、デイケア・デイサービスの**昼食代、配食サービスが全額自己負担**に。またおむつ代などの消耗品も全額自己負担です。ただし、配食サービスやおむつの支給など、**生活するうえでなくてはならないサービスは市区町村が独自の財源で提供してくれる場合も**。お住まいの市区町村の状況を調べておくといいでしょう。

7-6

介護施設は最後の最後

看取りまで対応可能な介護施設を知っておく

- 公的施設の特別養護老人ホームは費用の負担が軽い
- 介護付き有料老人ホームは利用するサービスや設備の充実度で費用が変わる

要介護度が高くなり、自宅で過ごすのが難しくなってきたら、看取りまで対応してくれる施設への入居を検討する必要が出てきます。

高齢者向けの介護施設にもいろいろなタイプがあると聞いたことがあるのですが、どのようなものがあるのでしょうか？

大きく分けると、**社会福祉法人や医療法人が運営する「公的施設」と、民間企業が運営する「民間施設」**の2つがあります。公的施設にもいくつか種類がありますが、中でも代表的なのが「特別養護老人ホーム（特養）」です。24時間体制で介護サービスを受けられる施設で、入居一時金が不要だったり、月額の費用が4.8万～21.5万円と、比較的割安なのが特徴です。

費用の負担が軽いのはいいですね。

特養の場合は、**介護施設に入居する必要性の高い人が優先となり、要介護3以上の人が対象です。入居希望者も多く、すぐに入居できないことがあります。**ですが、複数の施設に申し込むことは可能ですので、必要になった場合は、いくつかの施設に同時に申し込んでおくという方法もあります。

■ 介護度が高くても入居できる施設は？

施設の種類	特徴	要介護度の条件	入居一時金の目安	月額料金の目安
特別養護老人ホーム（特養）	公的施設で割安だが、決められた要件を満たさないと入居できない。24時間体制で介護サービスを受けることができる	原則 **要介護3** 以上	0円	4.8万～21.5万円
介護付き有料老人ホーム	24時間体制で介護サービスを受けることができる。民間施設のため、選択肢の幅は広いがその分費用がかかる	施設によって異なる	60万～690万円	19.6万～31.7万円

※費用の目安は、LIFULL介護「代表的な老人ホーム・介護施設の入居時費用と月額料金」より。LIFULL介護に2022年11月30日時点で掲載されていた全国の老人ホームの料金プランデータから、中央値を算出（2022年12月時点の情報）

民間施設の場合、看取りまで行ってくれる施設として代表的なものは、「介護付き有料老人ホーム」があります。24時間体制で介護サービスを受けられます。民間が運営しているため、**施設の充実度や居室の設備など、サービスの内容は施設によってさまざま。そのため費用に開きがあり、入居金も、月額料金も施設によって大幅に変わっていきます。**

やはり公的施設に比べるとかなり高いですよね。

介護付き有料老人ホームへ入居した場合、利用する介護サービス費は、要介護度に応じて、自己負担割合の1～3割分を定額で支払うことになります。ただ、病気やケガをすれば医療費もかかるので、施設に支払う定額の費用以外にも出ていくお金は発生します。できれば、**毎月の介護施設費は、年金で賄うのが理想です。**

年金で支払うのが厳しいと、資産を取り崩すことになりますよね。お金が足りなくなったらどうしたらいいですか？

資金が不足する場合に備えて、**自宅を売却したり、リバースモーゲージやマイホーム借上げ制度**（P126参照）といった方法で資金を工面する算段をしておくといいでしょう。

和泉 昭子（いずみ あきこ）
生活経済ジャーナリスト／ファイナンシャル・プランナー／人財開発コンサルタント　大学卒業後、出版社・放送局を経て、フリーのキャスターに。NHKを中心に、ニュース・情報番組を担当。CFP®取得後、現職へ。2007年マネー&キャリアの支援会社を起業し、マネーコンテンツの作成やライフプランシミュレータの開発支援などを手掛ける。現在は、メディア出演や講演活動などを通じて、マネー、キャリア、コミュニケーションに関する情報を発信。テレビ・ラジオのコメンテータ、新聞・雑誌・書籍の執筆監修を行っている。

定年後のお金、なんとかなる超入門
インフレ時代のセカンドライフ

2023年2月24日　初版発行

著者　和泉 昭子

発行者　山下 直久

発行　株式会社 KADOKAWA
〒102-8177 東京都千代田区富士見2-13-3
電話　0570-002-301（ナビダイヤル）

印刷所　凸版印刷株式会社

ISBN 978-4-04-897543-8 C0077